成功只钟情于那些坚守职业道德的人

员工职业道德教育读本

王元华　赵金梅　王明哲◎编著

YUANGONG ZHIYEDAODEJIAOYUDUBEN

道德是石，敲出希望之火；道德是火，点燃希望之灯；道德是灯，照亮人生之路；道德是路，引导员工走向灿烂辉煌的明天。

一个缺乏道德根基的员工，尽管会取得一时的荣耀，但这终会像早晨的露珠一样，日出即逝。一个具备了优良品德的员工，尽管一时会默默无闻，但他的人生之路终会越走越宽广。

中国言实出版社

图书在版编目(CIP)数据

员工职业道德教育读本/王元华,赵金梅,王明哲编著.
—北京:中国言实出版社,2012.1
ISBN 978-7-80250-706-7

Ⅰ.①员…
Ⅱ.①王…②赵…③王…
Ⅲ.①企业—职工—职业道德
Ⅳ.①F272.92

中国版本图书馆 CIP 数据核字(2011)第 267214 号

出版发行 中国言实出版社
地　址:北京市朝阳区北苑路 180 号加利大厦 5 号楼 105 室
邮　编:100101
电　话:64924716(发行部)　64924735(邮　购)
64924880(总编室)　64914138(四编部)
网　址:www.zgyscbs.cn
E-mail:zgyscbs@263.net

经　销 新华书店
印　刷 北京绿谷春印刷有限公司
版　次 2014 年 2 月第 1 版　2014 年 2 月第 1 次印刷
规　格 710 毫米×1000 毫米　1/16　13.5 印张
字　数 165 千字
定　价 32.00 元　ISBN 978-7-80250-706-7/F·401

PREFACE

前言

古代贤人认为实现人生三不朽就要立言、立功、立德。相对而言，三者之中，立言最易，立功困难，立德则更是难上加难。然而，立德又是最重要的。因此，先贤说："德者得也，得民心者得天下。"其实，不仅是在古代，道德修养在当今社会不仅没有随着时空推移而褪色，反而越来越显得重要。《道德情操论》中说道："事实上，人只能在社会中才能生存，人的天性使他能够适应身处的环境。人类社会的所有成员都需要相互帮助，也随时可能互相伤害。在人们能够互谅互让、互敬互爱、互相帮助的地方，社会就会繁荣兴盛、充满温馨。温情和爱将大家联系在一起，仿佛生活在一个温暖的大家庭中。"

凡是社会发展健康、良好的地区或国家，无一不讲究、崇尚人类共尊的美德，并恪守、践行。道德之于社会，就像灯塔之于航船，太阳之于禾苗，方向盘之于汽车。航船没有灯塔的指引，会触礁沉没或误入歧途；禾苗没有太阳的照耀，会羸弱蔫黄；汽车没有方向盘会四处乱闯、车毁人亡。而对于员工来说，良好的职业道德更是不可或缺，员工只有培养了良好的职业道德，才有可能驰骋职场、赢得未来。

职业道德是社会道德体系中重要的组成部分，不仅对社会文明进步有着重要意义，对个人的事业发展也有着特殊的作用。它渗透、贯穿于每个人整个职业生涯之中，没有止境，需要我们用一生的精力不断加强才能达到想要的高度。

对于企业来说，员工道德水平的高低往往对企业的生存与发展起着决定性的作用。员工的素质越高，企业的工作标准、工作效率就越高，企业的竞争能力就越强，企业发展的速度也就越快，生存空间也就越大。反之，倘若员工道德水平低下则会束缚企业的发展，甚至对企业的经营能力产生不良的副作用，使企业逐渐衰竭甚至倒闭。因而，现代企业的领导者都很关注员工的职业道德，甚至不惜花费巨资以各种形式对员工进行职业道德的教育，力图使员工的职业道德提高到与企业、与市场竞争相适应的水平。

对于员工本身而言，加强职业道德修养，养成良好的职业道德习惯，不仅有利于促进社会的和谐，也是个人成长与发展的必然条件。员工只有拥有了良好的职业道德，才能在职场勇往直前、创造一番业绩，才能实现自身的人生价值，最终收获成功的人生。

本书语言生动而平实，结合身边职场案例，立足于我国员工现有的实际情况，从员工的角度、以员工的心态和眼光，全面、透彻地解析了提升个人职业道德修养的深层意义和作用。通过阅读本书，读者将找到提升个人职业道德的方法和途径，自觉改善原有的工作态度，在不断完善自我的同时成为企业不可或缺的高道德水准的员工！

目录

Contents

第一章 有德者得天下：职业道德是员工的立业之本

不论从事哪行哪业，都必须培养自己的职业道德。医有医德，因而有“医乃仁术，仁爱救人”的言论，强调“德为医之本，仁乃德之源”；师有师德，“以身立教”，“传道、授业、解惑”；商有商德，“诚实守信，买卖公平”。对于员工来说，职业道德是员工进入职场需要培养的最重要的一种“能力”，是职场行事的第一准则。

第二章 人无信不立：忠诚是员工职业的使命

现代职场，忠诚于事业、诚信于他人更是一个员工最起码的职业道德。以企为家，为企业改革和发展贡献自己的力量，这是对员工职业道德的基本要求，是员工职业的使命，也是员工干好工作的大前提。

第三章 干一行爱一行：敬业是职业道德的灵魂

我国自古便有“忠于职守”、“敬业乐群”的传统，“敬业”更是流传了几千年的传统美德。干一行爱一行，始终对工作保持应有的热情不仅是员工职业道德修养的重要方面，也是员工养成敬业好习惯、成就卓越自我的前提。

第四章 带着责任上路：责任心是职业道德的核心

有人做过这样的比喻：如果说智慧与能力像金子一样珍贵，那么勇于负责的精神则更难能可贵。确实，责任是员工职业道德中不可缺少的素质之一，而且倘若没有了责任，一个人即使再优秀也难以有用武之地，即使工作一辈子也难有出色的成就。

第五章 比别人多做一点点：勤劳是员工职业的优化师

不论从事何种职业，位于何种职位，只有懂得勤劳地用双手去工作的人，才能称得上是有良好职业道德的人。同时，员工只有做好手中的工作，甚至比他人多做一点点，职场之路才能越走越宽。

第六章 把自己当做公司的主人：主动是员工职业的导师

一个人对待本职工作全力以赴、主动追求的精神是员工必不可少的职业道德之一。将自己当做公司的主人，主动工作、思考不仅是员工良好职业道德的体现，也是员工提高自我工作质量的最佳方式。

第七章 不抱怨的态度：感恩是员工工作的强心剂

感恩是一份心情，是一种素质。心存感恩，工作中便会少些怨气和烦恼；心存感恩，工作时便能拥有一份愉悦而温暖的心情；心存感恩，任何困难与抱怨都会止步。只有懂得感恩的员工才有可能是幸福的员工。

第八章 众人划桨开大船：合作是员工职业晋升的阶梯

团结互助反映的是集体的友谊和凝聚力,是身为企业一员必须培养的一种职业道德。员工只有学会主动协调人与人之间的关系,与同事密切配合,齐心协力,才能最大限度地调动起团队的积极性与创造性。团结合作不仅是企业发展的巨大推手,更是员工在职场晋升的隐形阶梯。

第九章 你可以做得更好：进取成就员工的卓越

每个人都希望能够实现自身的价值,但总难免遭遇挫折后的疲惫与急功近利后的无奈。然而,作为职场中人,必须具有勇于向更高目标挑战、失败后不气馁的进取精神。拿破仑"不想当将军的士兵不是好士兵"的经典名句也可以印证员工必须具备积极向上品德的重要。

第十章 奉献社会：懂得付出方能成就自我

员工是企业的一员，更是社会的一员。因此，员工不仅有义务做好自己的工作，也有义务为社会奉献自己的一份力量。懂得并舍得付出，是员工更高层次的职业道德体现。这样的员工不仅能在职场有一番作为，更是社会的中坚力量，他们在奉献中体验快乐，在奉献中体验成长，在奉献中成就自我。

第一章　有德者得天下:职业道德是员工的立业之本

不论从事哪行哪业,都必须培养自己的职业道德。医有医德,因而有“医乃仁术,仁爱救人”的言论,强调“德为医之本,仁乃德之源”;师有师德,“以身立教”,“传道、授业、解惑”;商有商德,“诚实守信,买卖公平”。对于员工来说,职业道德是员工进入职场需要培养的最重要的一种“能力”,是职场行事的第一准则。

1

人无德不立,国无德不兴

古人认为,“人同野兽相比,他们在各方面都非常孱弱”。为了生存,人们组成了社会,以避免陷入“分散和被吞食的状态”。正如荀子所说:“人力不若牛,走不若马,而牛马为用。”根本原因是“人能群,彼不能群”,而在社会和职场的“群”中,只有拥有了良好的道德,我们才能更好地生存和发展。因此,良好的道德修养是人类取得成功的前提。

中国古代思想家孔子认为,道德修养是一个人立身处世的根基,是“治国”、“平天下”的重要条件。早在17世纪马丁·路德也曾说:“一个国家的繁荣,不取决于它的国库之殷实,不取决于它的城堡之坚固,也不取决于它的公共设施之华丽;而在于它的公民的文明素养,即在于人们所受的教育、人们的远见卓识和品格的高下。这才是真正的利害所在,真正的力量所在。”

总之,人无德不立,国无德不兴。

2007年12月10日零时,湖北省宜昌市长阳县境内的椰水专用公路发生岩崩。所幸的是,这一意外并没有造成什么重大损失,而这一切都要归功于一对普通的夫妇。

方玉明夫妻俩经营的加水站位于岩崩山体右侧,距离事发地点仅50米远。这天,方玉明正在自己新建才两天的简易加水站向丈夫黄胜波学习如何加水。这时,一辆运送活鱼的大货车在站前突然停了下来。刚刚走到运鱼车旁,方玉明便听到加水站旁的山体发出怪异的声响。“不好!恐怕山要塌了!”她脑中闪出这一念头的同时,正看到一辆客车向加水站疾驰而来。没有丝毫的犹豫,方玉明丢下水管便向公路中间奔去,边跑边向客车司机挥动手臂。

司机显然看到了方玉明的挥手,放慢了速度,但他可能误以为方玉明是让他停车加水,经过加水站时他仍没有停车,而是继续向前开去。方玉明急了,和丈夫一道拼命追赶客车,并大声向司机呼喊:"山要塌了,快停下!"客车终于停下了,看到方玉明夫妇,司机感到莫名其妙。

就在此时,岩崩在10米之外发生了!岩石在巨大的轰鸣声中坍塌下来,瞬间覆盖了数十米长的路面。巨大的气浪夹杂着碎石、粉尘,张牙舞爪地向客车和方玉明夫妇扑来。其中滚落下的一块重约数十吨的大石,距离客车车头仅有10米左右。以当时客车的车速来看,倘若再迟停两秒钟,那么车上所有人都将被这块大石压成肉泥!

又一辆大客车开了过来!来不及害怕,来不及思考,方玉明又转身冲向路中,迎面拦下了第二辆大客车。客车一个急停,此时的方玉明根本没有听到客车尖锐的刹车声,因为更大的一次岩崩已经来临!

刚刚发生岩崩的山体再次崩塌了。山石势不可当地倾泻而下,在震耳欲聋的吼声中,灰白色的气浪将单薄瘦小的方玉明夫妇几乎掀倒在地,大量碎石滚落身旁,石屑击打着他们全身,刺骨般疼痛。气浪过后,第一辆大客车的司机及方玉明夫妇如同石灰雕塑般,呆立在公路中央。

气浪过后是死一般的寂静。方玉明拦下的第一辆卧铺客车由恩施开往武汉,车上载有43名乘客;拦下的第二辆卧铺客车则是由重庆开县发往上海,载有37人,其中有4名儿童,最大的3岁,最小的才1岁。

时间过去了很久,目瞪口呆的人们终于反应了过来。一时间,哭喊声、尖叫声响成一片,乘客们纷纷从车门处蜂拥而出。第一辆客车司机也是浑身颤抖不已,慢慢转身望向方玉明夫妻二人,一句感谢的话也说不出来;第二辆大客车驾驶员呆坐在空空如也的客车驾驶室内,半天没有动弹。而方玉明和黄胜波也直到这时才感觉到害怕,双手开始哆嗦起来……

"平凡中显示人性的伟大，质朴中彰显英雄的光辉。"方玉明瞬间的壮举，猛然间惊醒了世人：人无德不立。做人，一定要有道德。

方玉明，一个普通的中国女性，在关键时刻能够不顾个人安危，主动冒险拦下两辆客车，及时挽救了 80 条生命。事后，面对各方的奖励，家境贫寒的方玉明依然多次婉拒，这也再次彰显了她人性的伟大。方玉明以自己的行为告诉人们：只要多做善事，做个有德之人，就是对自己最大的回报。

道德能够使我们行走在人间的正路上。在构建社会主义和谐社会的今天，每个人都需要用自己的言行树起一座山。然而，无限扩张的城市压缩了人性善良的空间，却给欲望插上了"乖戾"的翅膀；迅速成长的教育填充了人们知识的空缺，却把朴实游离在了灵魂之外。只有拥有了良好的道德品质，才能让自己像一座大山般屹立于城市之中。

道德是人们的生活态度和价值观念的体现，是行业集体人员的集体表现，也是社会面貌的主要内容。如果每个人都具备优良的道德修养，那么，整个社会的道德水平也会有显著的提高。

在世界上所有的国家，道德都是非常被看重的。比如，在整个日本国民教育里，道德与操守就是每一个公民都必须遵守的人生准则，而且这个问题会在每个人的生活、工作等各方面反映出来。

一天深夜，日本的某条高速公路上，一辆小汽车在路上高速行驶，突然，汽车的发动机出现了故障，抛锚了。司机只有一人，他尝试用自己知道的常识将车修好。但无论他如何摆弄，车子还是发动不起来。没有办法，司机只好拨打 110（日本与中国一样，紧急情况也是拨打 110）。

几分钟后，一辆警灯闪烁的警车呼啸着来到了车旁。问明情况后，交警也想了不少办法，但是汽车还是发动不起来。交通警察看了看手表，已经是半夜 3 点多，找拖车和找修理店都已经太晚。司机问怎么办？交警说："你回到车上去，我在你的车后守着您的车，保护您和您车的安全是我的责任。"

就这样，警车亮着闪烁的警灯，交警站在车外守护着事故车，不让其他车靠近事故车辆，一直到天亮拖车来把事故车拖走为止。

这就是警察良好道德的体现。良好的道德素养不仅仅增强了个体和团队的竞争力和凝聚力,也是一个民族凝聚力和竞争力的保证。

良好的道德是人类立足于社会、国家屹立于世界的根本。也正是因为这些拥有良好道德品质的人们,用他们基石般的身躯,才铺就了民族前行的道路;用自己质朴的脊梁,才托起了国家大厦的建设;用自己善良的品行,才延续了民族的血脉。因此,只有有了良好的道德品质,人类才能不断进步,社会才能不断向前发展。

2 遵守职业道德是员工的本分

人生的大部分时间是在职场中度过的,工作是我们参与社会、体现人生价值的主要途径。随着职业的多样化,职业关系也日益丰富起来,既有职业的内部关系,包括从业人员之间的关系、从业人员与职业团队的关系等;也有职业的外部关系,包括职业与社会的关系、职业与职业间的关系、职业与服务对象的关系等。

为了保证职业生活的正常进行,每个行业都形成了一些特殊的要求,人们在从事各种职业活动的过程中,逐步形成了带有自己所从事的职业特点的道德规范和准则。所谓职业道德素质,就是指从事某种职业的个人所具有的职业认知、情感、人格、品质、行为以及所达到的水平。对老师来说就是“为人师表”,对警察来说就是“惩恶扬善”,对医生来说就是“救死扶伤”,对记者来说就是“客观公正”。

1999 年 5 月 12 日上午,河南省项城市新桥镇信用社职工陈铁矿应邀到一位朋友家做客。陈铁矿喝得烂醉如泥,同席的张学勤主动开来自家的大篷车送其回家,途中,坐立不稳的陈铁矿从颠簸的大篷车上摔下,身受重伤,昏迷过去。

正在这时,新桥镇派出所的副所长赵绍光和三名民警下乡去传问，警车恰巧路过了出事现场。见到满脸是血的陈某及围观群众，便停下车询问缘由。张学勤遂央求赵绍光一行用警车送陈铁矿去医院抢救。然而，赵绍光却推说有事，驾车带领三名干警转身就准备离开。当围观的群众请求他用手机向医院拨打急救电话时，赵绍光用手一指，说："急救号码路边墙上有。"说完，关上车门扬长而去。

陈铁矿下午两点摔倒，三点左右警车到现场并离去。当医院的救护车到达现场将陈铁矿送到医院时已是下午六点。如果当时用警车把他直接送医院可提前一个多小时，那么他被抢救生还的可能性还很大。然而，不幸的是，陈铁矿最终因抢救不及时而死亡。而"见死不救"的赵绍光的行为也受到了法律的制裁，法院认为赵绍光已构成玩忽职守罪，判处其有期徒刑一年，缓刑一年。

职业道德本质上是调整职业内部、职业之间、职业与社会之间各种关系的行为准则，是从事一定职业的人们在其特定的工作或劳动中的行为规范的总和。它既是从业人员在职业活动中的行为要求，也是本行业对社会所承担的道德责任和义务。

近期曝光的"染色馒头"、"瘦肉精"等食品安全事件暴露了诸多道德问题。一方面是食品生产者唯利是图、置他人生命安危而不顾，一方面是一些地方监管部门的办公经费和人员工资，因为要靠返还的收费罚款来"解决"，所以一直"执法为利"。因此，有食品审查员形象地称："如果说之前曝出的上海出租车运营是'钓鱼执法'，我们现在就变成了'养鱼执法'，每天的工作目标就是想着如何完成'创收'任务。"温家宝总理同国务院参事座谈时，也曾感叹："诚信的缺失、道德的滑坡已经到了何等严重的地步！"

食品生产者、监管者的职业道德滑坡，为我们带来了毒奶粉、毒水产、地沟油、毒豆芽、假牛肉等诸多"创意"，让我们的生活一天比一天没有安全感。然而，食品安全问题所反映的职业道德问题还只是众多职业道德缺失所带来的负面影响的一个缩影。

职业道德缺失，不仅伤害他人和社会，更会直接伤害到自己的前途和命运，因为遵守职业道德是员工的本分。

晓东电子公司会计赵丽因工作努力，钻研业务，积极提出合理化建议，多次被公司评为先进工作者。赵丽的丈夫在一家私

有电子企业任总经理,在其丈夫的多次请求下,赵丽将在工作中接触到的公司新产品研发计划及相关会计资料复印件提供给了丈夫,给公司带来了一定的损失。最终,公司在向她追讨回损失后马上辞退了她。

职业道德是员工的本分,是个人成才的重要条件。一个人倘若无德,便容易走入歧途,便无以敬业,更无法立业和创业。

王某,23岁,大学专科毕业后分配到某市一国债服务部,担任柜台出纳兼任金库保管员。1999年5月11日,王某偷偷从金库中取出1997年国库券30万元。4个月后,王某见无人知晓,胆子开始大了起来,又取出50万元,通过证券公司融资回购的方法,拆借人民币89.91万元,用来炒股,却没承想赔了钱。王某在无力返还单位债券的情况下,索性于1999年12月14、15日将金库里剩余的14.03万元国库券和股市上所有的73.7万元人民币全部取出后潜逃,用化名在该市一处民房租住隐匿。至此,王某共贪污国库券94.03万元,折合人民币118.51万元。案发后,当地人民检察院立案侦查,王某迫于各种压力,于2000年1月8日投案自首,检察院依法提起公诉。

对于企业来说,员工良好的职业道德有助于提高整个企业的凝聚力和竞争力。首先,良好的职业道德能够增强同事之间、干群之间、员工与企业之间的向心力。其次,职业道德有利于提高服务质量和产品质量,从而促进技术进步,提高经济效益。再次,职业道德有利于企业树立良好形象,创造企业著名品牌。

王健先生曾工作和生活在日本的名古屋,家里买了一台日本产的象牌电热水器。这台热水器用了3年多的时候,王健发现出水口的金属部位开始出现漏水现象,水滴得满地都是。因为热水器的质保期是1年,而现在已经用了3年多,因此,王健想联系厂家维修但又觉得厂家不一定会给予维修。最终,他还是决定试一试。

于是,他给厂家打了电话。让他意外的是,厂家很快派人来了,因为热水器已经过了保修期,但是金属出水口漏水的情况他们还没有碰到过。因为日本对产品质量要求是很严格的,所以厂家决定把热水器拿回去研究。第三天,厂家派人送来一台新的热水器，而且免费安装。厂家工作人员表示：该热水器金属出水口漏水对于厂家的质量标准来说是严重的质量问题，以前从来没有出现过这样的问题，因此厂家对由此给客户带来的不便致以深深的歉意；此外，为了教育自己的员工，为了使企业的质量管理体系更加严密，产品质量更加得到提高，为了防止以后再出现类似问题，为了提高企业的信誉，厂家决定给王先生更换一台新的热水器。这使王健大感意外，因为他原来的想法只是希望厂方帮忙维修。

象牌公司的做法就是职业道德的最佳体现。它让品牌迅速在消费者心中恢复信誉、提升好感，同时也促进了自身技术水平和服务质量的提高。

当然，职业道德不同于法律规定，遵守它不一定得到褒奖，而不遵守它也不一定就得到惩罚，所以这就给了很多不法分子以可乘之机。因此，遵守职业道德，更多地要靠自觉，也就是"慎独"：在无人监督的情况下，仍能坚持道德信念，自觉地按照道德规范的要求去做事。这是一种高尚的道德品格和道德境界，却也是每一个员工都应该做到的"本分"之事。

3 每一份工作都值得尊重

良好的职业道德首先要求员工尊重自己的工作。从浅层意义上讲，拿人钱财，给人干活是天经地义的事。也就是平时我们说的，这是为了对老板有个交代，这是做人最基本的原则。从深层意义上来说，那就是工作其实就是我们的事业，员工必须具备一定的使命感和道德感。不管从哪个层次来讲，员工都必须尊重自己的工作并且有始有终，而不管职业是什么。

倘若你是一个懂得尊重自己工作的人，那么，即使你的工作业绩并不

那么突出,也没有人会挑你的毛病。同样,尊重自己工作的人也更易得到提拔。因为,没有老板不喜欢尊重工作的员工。

新加坡某星级酒店,是远近闻名的星级酒店,很受人称赞。公司的每一位员工都非常敬重自己的工作,把酒店的工作看成是自己义不容辞的责任。

王先生就曾经住宿在这家酒店。

清晨,酒店一开门,一名漂亮的服务小姐微笑着向王先生打招呼:"早,王先生。"

"你怎么知道我姓王?"王先生不解地问。

"王先生,我们酒店的当班人员必须记住每一个房间客人的名字。"服务小姐微笑地答道。

王先生心中很是高兴,乘电梯到了一楼,门一开,又一名服务小姐站在那儿:"早,王先生。"

"哦,你也知道我姓王,这是怎么回事?"王先生更感疑惑了。

"王先生,楼上打电话说你下来了。"这位服务小姐同样面带微笑地说。

王先生发现每位服务小姐腰上都挂着对讲机。"难怪如此……"王先生心想。这位服务小姐领着王先生去用早餐,餐厅的服务人员替他上了菜,并一律伴有"王先生"的称呼。这时,服务小姐送上了一盘点心,样子很奇特。王先生问服务小姐道:"中间这个是什么?"那位服务小姐看了一眼,便微笑地介绍起来。王先生接着问:"那么,旁边这一圈黑黑的呢?"服务小姐又上前看了一眼,便又耐心介绍起来。

王先生准备退房离开,刷卡后服务生把信用卡还给他,又把他的收据折好放在了信封里交给王先生,并说:"谢谢您,王先生,真希望第五次再看到您。"

原来,这是王先生第四次入住这家酒店。

两年过去了,王先生再没去过新加坡。有一天,他却意外地收到了从新加坡酒店寄过来的生日贺卡。原来,贺卡是酒店为庆贺王先生过生日而特意寄过来的。

也许,我们更多的人都只是感慨这家酒店的超级服务。实际上,如果不是这家酒店的工作人员对职业的那份尊重,哪能有酒店的好名声呢?

酒店的每一位工作人员都非常忠诚并尊重自己的工作，把为客人服务视为自己一种神圣的职责，才赢得了客人对他们的赞赏。

但实际上，当一个人刚接触某一工作时，往往会充满新奇，充满敬意。但时间一长便很难再有激情保持那份尊重。然而，不管你做的是什么工作，做这份工作时间多长，尊重工作都是每位员工必须具备的职业道德。

北京住总正荣建设工程公司水电分公司的水暖班班长马文保，靠着良好的职业道德修养18年如一日，对工作认真负责、刻苦钻研，在平凡的岗位上取得了不平凡的业绩。2005年，马文保被评为“全国劳动模范”。

在马文保担任水暖班班长期间，他率领13名组员先后完成了亚运村、五路居、卧龙小区等多个著名住宅小区和华堂商厦等大型商业设施共56万平方米的水暖安装，参与施工的千鹤家园获得“长城杯”，参与建设的卧龙小区荣获“鲁班奖”。

“过河小卒顶大车”，马文保秉持这种信念不断提高自身的业务素质。很快，他不仅熟练掌握了水暖安装的程序，而且还能独当一面，带兵“打仗”。

马文保在工作实践中，逐步形成了一套自己独具特色的管理手段，对每一个工作细节、每一道工序都高标准、严要求。长期的工作实践和丰富的施工经验，使马文保不仅抓问题一抓一个准，处理问题也十分到位，办事丁是丁，卯是卯。

马文保深知品牌就是核心竞争力，身为水暖班班长的他，要求所有组员都把承接一项工程看成是树一座丰碑、创一个品牌。有一次，和祥苑8号公寓暖气支管出现了问题。但如果拆掉返工就要耽误工期，费工费料。因此，有人建议：“监理没看见就别返工了。”而马文保却斩钉截铁的一声令下：“拆！”全班齐上阵，整整干了一个通宵。

还有一次，有位一层住户因为暖气热量过大，于是自行拆开堵头放水，可拆了以后装不上了，从暖气管道流出来的水很快就把地毯浸湿了。马文保进门一看，客厅里的水足有5厘米深。他把堵头缠好，再用湿毛巾拧紧，帮着住户把水淘干后，才悄然离开。

作为北京住总正荣建设工程公司水电分公司唯一一支由自有职工组

成的水暖班班组的"领头羊",马文保深知衡量施工班组整体素质的高低,最根本的就是要看其对工作的尊重程度以及所干工程的质量和速度如何。因此,他始终视工作为生命,以保质量、保工期为企业信誉的根本,并对此没有一丝一毫的含糊。马文保率领的这支队伍,不管条件多艰苦、工作多困难,对工程、对企业、对业主都是高度尊重的。

古语有言:"在其位,谋其政,敬其事。"只要我们拥有一个岗位,我们就有义务尊重自己的工作,也有责任把岗位工作做好,对工作负责,做任何工作都兢兢业业、善始善终。因为,每一份工作都是值得尊重的,这是员工职业道德的根本。

4

找准自己在工作中的位置

有的人刚参加工作或者刚进入一个新公司,业务还没有熟悉,就开始盯着谁比自己的工资高,谁这个月比自己多领了几十块奖金。在他们的眼中,薪水是自己身价的标杆,绝不能低于别人。他们的理想远大,刚出校门就希望自己成为年薪几十万元的总经理;刚创业,就期待自己能像比尔·盖茨一样富甲一方。他们只知道向老板索取高额报酬,却不知道自己的位置在哪里,自己真正能做些什么。

如果要他们从基层做起,他们就会觉得很丢面子,甚至认为这简直是大材小用,根本就不懂得立足于脚下,着眼于长远,实实在在地前进。尽管他们有远大的理想,但缺乏专业的知识和丰富的经验,缺乏脚踏实地的工作态度,没有良好的职业道德修养,最终理想也只能成为空中楼阁。

为此,比尔·盖茨曾劝告年轻人:"刚毕业的你,不会一年赚到 4 万美元,也不会成为一个公司的副总裁,并拥有一部装有电话的汽车,直到你将此职位和汽车挣到手。找准自己的定位吧,年轻人,不要成为'怀才不遇式'的悲剧人物。"同样，李嘉诚也告诫我们："不脚踏实地的人，是一定要当心的。假如一个年轻人找不准自己的位置，我们使用他就会非常小心。你造一座大厦，如果地基都没打好，上面再牢固，也是要倒塌的。"可见，一个有着良好职业道德的员工，必定是一位能准确定位自我位置的员工。

刘阳在一家保健品公司的销售部做业务员，做了半年多，眼见着身边的一个大专生被提拔为销售部副经理，而他这个名校本科生却还是原地踏步。

于是他找到厂长说，想换个地方发展。厂长问其原因。他说："干了半年多，没发展。"厂长问他："那你知道部门经理是怎么当的吗？"他自信地说："给我几个人，我会安排好他们干什么，怎么干……"话没说完，有个业务员匆匆跑来，说一批货出现了问题，客户要退货。厂长对刘阳说："你去负责处理一下。"

刘阳来到客户那里，磨破嘴皮子也没有把事办妥，只好依实汇报给厂长。厂长打电话让那个部门经理去处理。快下班时，副经理打电话告知，事已办妥，货款也已收回。

随后，厂长对刘阳说："作为销售部经理，就是在手下业务员费尽力气也没有谈成业务向你求救时，你只要说'跟我来'，然后机智地把客户拿下，然后对员工说'看见了吗，就这么做'，这个员工就会对你倍加佩服，并知道该怎么做。作为经理，不仅仅是下命令，调遣人，只有先做好自己和工作才能命令别人。"

这件事以后，刘阳终于找到自己的位置，下决心从销售一线做起。踏实肯干、勤奋好学的作风给他带来了很大的进步，一年后，他当上了该厂业务部负责人。

好高骛远，不求实际，过高地估计自己的才智，这是现代职场大多数人都存在的一个问题，然而，这只会让自己尝到失败的苦果。找不到自己的位置，一心想做大事，最终只能是一事无成。还好，刘阳及时地摆正了自己的位置，从而在职场中取得了进步。

现实中，很多年轻人常常不能摆正自己的位置，经常因为自己的高学历而沾沾自喜，因为自己的一点点优势便以为自己是天下第一，便以为自己的索取是应该的，要求也是正当的。他们时时把自己看得高人一等，处处表现得比别人聪明，自然也就不屑于做别人的工作，不屑于做小事、做

基础的事。

自以为是、自高自大是工作的最大敌人。不管你是天之骄子，还是普通员工；不论你是才高八斗，还是目不识丁；不论你是大智若愚，还是大愚若智，如果你没有找到自己的位置，那一切都是徒劳无益。你必须认清自己的位置，从一点一滴开始做起才是员工奋战职场之道。

找到自己的位置，立足于脚下，脚踏实地地努力是职场人士所必备的职业素质，也是实现梦想、成就一番事业的关键因素。

侯奎大学毕业后进了一家软件公司，做了一名普普通通的职员。他根据自己的能力，结合分析目前IT行业精英所具备的素质，给自己制定了这样一个长期计划：

短期目标：用三个月的时间，熟悉业务，给自己充电；半年以后，达到公司最优秀员工的能力要求，实现加薪；一年后，引起上级对自己的注意。

长期目标：成为公司的高级管理人员，学习管理经验。

最终目标：开创自己的事业。

在实际操作中，侯奎又把短期目标进行了分解，制定了详细的工作学习计划。从他进入公司那天起，就始终不渝地去贯彻执行。他知道，每一点一滴经验的累积对自己以后创业都大有裨益。为此，对于身边发生的哪怕一件小事，他都会弄明白搞透彻，他虚心向周围基层人员请教，时刻督促自己，提高自己。他的积极主动，勤奋热情，让他拥有了接触更多工作的机会，尽管有些是某些个别的人为了逃避工作而故意丢给他的工作，但他毫无怨言，依然乐此不疲。不到三个月，他便熟悉了业务。因为在工作中他选择有目的性地给自己充电，因此他更快地向优秀员工靠近。在年中的业绩考核中，他被评为优秀员工，也实现了加薪的目标。

侯奎的迅速成长，引起了上级的注意，不到一年，他便被提拔为业务经理。他很珍惜这次机会，工作更加努力。他牺牲了许多娱乐和休闲时间，把更多的精力投入工作中，也在职业培训的项目上投入了更多的财力和精力。在目标的指引下，他勤奋工作不懈怠，踏踏实实地向前努力，他的工作能力和工作业绩得到了公司总裁的肯定，他又被晋升为部门经理。这比他预定的时间提前了足足半年。

可见,确立切实可行的目标,给自己合适的定位,并锲而不舍地去执行,一步一个脚印地去努力,获得成功并不难。因此,年轻人心目中要有远大的理想,并在实际生活中脚踏实地,衡量自己的实力,不断调整自己的方向,才能一步步达成自己的目标。

千里之行,始于足下,先找到立足点很关键。一个想要在事业中取得成功的人无论在什么情况下,都要根据自身的特点,找准自己的位置,找到适合自己生存和发展的空间,制订适合自己的发展计划,在工作中不断学习,加强对自身能力的培养,这样才能不断接近自己的职业目标,让自己一步一步地向理想靠近。

5 不仅要知道,更要做到

2004年在北京举办的"杰克·韦尔奇与中国企业高峰论坛"上,曾有一位中国的企业家这样问杰克·韦尔奇:"大家知道和懂得的东西都差不多,但为什么我们与你的差距那么大?"杰克·韦尔奇回答说:"你们知道了,但是我们做到了。"

这个回答非常简单,却道出了人与人之间存在差距的真谛:不仅要知道,更要做到!如果不将知道落实到行动中去,再好的计划,再宏伟的目标都只是空谈。"知道"固然重要,但如果仅仅停留在知道上,再好的理念、再好的原则、再好的决策、再高的智慧、再优化的方案,也只是一些毫无意义的资料。因此,拥有良好职业道德的员工懂得,工作最最重要和关键的就是"做到"。

一位私企的老板在一次聚会上认识了一位年过四十、在国企IT部门上班的名校毕业生。经过沟通了解,这位老板觉得此人对计算机非常精通,而且雄心勃勃,但好像没有受到领导的重视。这位老板认为可能是机制限制了他的发展,于是便想与他合作,让他为自己的公司开发一套数据库系统。

双方谈得十分融洽,很快就开始了开发这套系统的实际操作。

初期阶段,一切都很顺利,老板十分高兴。可随着研发往纵深推进,速度渐行渐慢。对此,此人说工作忙,顾不过来。结果,一个月就该做完的一期工作,过了三个月一半都没完成。半年过去了,一期工作还是没有收尾。此人的理由是缺乏研究设备,于是,老板又为他配备了最先进的设备。

可工作进度并没有因此而加速。老板计算之后发现,按照这样的工作进度,一年的工资及其他费用远远高于设备本身的费用。无奈之下,老板决定放弃这套系统的开发。

在我们周围,有很多人就像这位名校毕业生一样,好像什么都知道,谈起来也头头是道,策划方案似乎也制订得无懈可击。可最后呢,还是没有做到。要知道,并不是知道就万事大吉了,知道更要做到。从知道到做到,还有极长的距离,还要付出极大的代价。

对于老板来说,他要的是结果,是为公司创造实实在在的利益,而不是你的计划多么完美。没有结果的"知道"只能让老板和上司认为付给你的薪水纯属浪费,进而让你另谋高就,而你只能在"知道"的沾沾自喜中继续感叹"怀才不遇"。

社会的各行各业都急切需要那些肯负责任、肯努力奋斗、有主张有见地的人。一个富有思想和判断力、具有创造力、踏踏实实、刻苦勤劳的人随处都可以立足,在哪里都有希望。而另外一些人只会埋怨机会太少,自认为怀才不遇的人,是一辈子都不会有出息的。

只有懦弱无能者才会一天到晚埋怨没有事做,而那些对自己的力量有把握,自信能获得好位置的人,从来不会到处去诉苦。他们始终明白,踏实苦干才是成功的唯一出路。成功靠的是实干,如果只是设计了一个理想的美妙计划而不去实施,终不能成就任何事业。如果你抱着积极的态度想成就一番事业,就应该理性地面对自己、面对问题、面对现实,脚踏实地、实事求是地全力执行直到成功。

现实工作中，有很多事情需要你不断地去尝试，如果不愿意付诸行动，也许你永远都不知道自己真正的才能和可以得到的满足，永远都体现不出你的人生价值。

在美国某公司的一次促销会上，销售经理请与会者都站起来，看看自己的座椅下面有什么东西。结果每个按照要求做的人都在自己的椅子下面发现了钱——最少的捡到一枚硬币，最多的捡到了100美元。

这位经理说："这些钱谁捡到就归谁了，但你们知道我为什么这样做吗？"与会人员面面相觑，不明白经理的用意。最后，经理一字一顿地说："我只不过想告诉你们一个最容易被忽视甚至忘掉的道理：坐着不动是永远也赚不到钱的！"

是的，很多人都知道"坐着不动是永远也赚不到钱的"，就像很多人知道要做一名有良好职业道德的人需要哪些精神，需要怎样去做，但就是不去行动。然而，只有"做"才能换来你想要的结果。只有行动，才能把我们的知识，我们的智慧，变成我们实现梦想和人生价值的资本。如果仅仅把梦想停留在设想上，停留在一个个美好的规划上，那么梦想最终只能是空想，所有的计划也只是空谈。所以，不仅要知道，更要做到。

知道了却做不到的事情，在我们生活中比比皆是，这正如我们都知道不应该随地吐痰，但就是有人不遵守这一社会公德，就像我们都知道吸烟有害健康，但吸烟者真正戒烟的却寥寥无几。很多情况，不是不知道，不是没有管理制度去约束和规范，而是我们忽视了"知"与"行"的关系，忽视了制度能否得到有效落实的问题。

知道了固然重要，但更重要的是做到，因为只有做到，才能得到我们想要的结果。也正是"做到"才拉开了成功者与失败者的距离。作为企业一名拥有良好道德品质的员工，不仅仅要知道，更要去做到，这样才能从平凡走向卓越，走出一条非凡的人生轨迹。

第二章　人无信不立：忠诚是员工职业的使命

现代职场，忠诚于事业、诚信于他人更是一个员工最起码的职业道德。以企为家，为企业改革和发展贡献自己的力量，这是对员工职业道德的基本要求，是员工职业的使命，也是员工干好工作的大前提。

1

忠诚是员工发展的必备品质

在现代人力资源管理中，员工与老板被普遍认为是一对互利共生体。从表面上看，两者之间似乎存在着对立性——老板希望减少人员开支，而员工希望获得更多的报酬。但是从更高的层面上去分析，两者其实是和谐统一的——公司拥有忠诚和有能力的员工，业绩才有保证；员工必须依赖公司的平台才能获得物质报酬和精神满足。因此，对老板而言，公司的生存和发展需要员工的忠诚；对员工来说，要想获得丰厚的物质报酬和精神上的成就感，也离不开公司这个平台。

在互利共生的合作关系中，合作双方是否互相忠诚信任是决定能否共赢的关键。也就是说，在忠诚的紧密连接下，公司和员工的利益达到了一致和统一。员工忠诚于公司，公司信任员工，公司和员工共同走向辉煌的成功。因此，从这一层面来说，忠诚又是企业和个人得以生存和发展的保证。

真正的忠诚不是消极的，而是积极的，是一种对归属感的确认，是一种根据自己崇高的目标献出全部的行为与心态。一个人一旦确认自己属于某一个集体时，他就不仅意识到自己属于这个团队，而且更会自觉地认为自己必须为这个团队作出最大的贡献，这样才能得到这个团队的承认。因此，忠诚可以确保任务的有效完成，以及对责任的勇敢担当。

所以，生产率的提高，不在于什么奥秘，而在于员工的忠诚，在于他们经过成效卓著的训练而产生的献身精神及他们个人对公司成就的认同感。

即使在条件艰苦的环境中,忠诚的员工也能够利用现有的资源去努力创造条件,克服困难,尽自己的最大努力完成任务。

鲍勃原来是公司的生产工人,后来,他主动申请加入公司营销行列。因为当时公司正在招聘营销人员,而且各项测试显示他也适合从事营销工作,经理便同意了。

那时,公司规模还很小,只有三十几个人,面临着许多要开发的市场,而公司并没有足够的财力和人力。因此,鲍勃只身一人被派往西部一个市场——其他许多市场,也只派出一人。在这个城市里,鲍勃一个人也不认识,吃住都成问题,但由于他对企业忠诚,对工作机会珍视,他没有丝毫的退缩。没钱乘车,他就步行,一家一家单位地拜访,向他们介绍公司的产品。他经常为等一个约好见面的人而顾不上吃饭,因而落下胃病。他租住的是一家闲置的车库,只有一扇卷帘门,而且没有电灯。晚上门一关,屋子里一丝光线也没有。那个城市春天多沙尘暴,夏天则经常下冰雹,冬天经常下冻雨,对于一个物质贫乏的推销员,这无疑是严峻的考验。而且公司的条件差到超乎鲍勃的想象,连产品宣传资料都供不上,鲍勃只好买来复写纸,自己手写宣传资料。

在这样的条件下,鲍勃始终没有动摇。他对自己说:"我必须忠诚于我所从事的这份工作。"

一年后,被派往各地的营销人员都回来了,其中还有几个人早已不堪工作艰辛而悄无声息地离职了。当然,最后只有鲍勃干得最好。最好的员工自然会得到最好的回报,后来,鲍勃被任命为市场总监,这时,公司已经是一个有着上千人的中型企业了。

忠诚的人往往能将自己的发展和公司的存亡紧密结合在一起,他们会积极主动、不遗余力地履行自己的义务,完成自己的职责。

因此,忠诚表现的是一种对职业的责任感,是承担某一责任或者从事某一职业所表现出来的良好道德和崇高品质。于公司来讲,员工的忠诚不仅会使公司的效益得到大幅度的提高,还能增强公司的凝聚力,使公司更具竞争力,能让公司在变幻莫测的市场中更好地屹立于不败之地;对于员工来讲，忠诚能使员工更快地与公司融合于一体，真正地把自己当成公司的一分子，更有责任感，对将来更有自信。所以，忠诚于公司，忠诚于老板，就是忠诚于自己的良知与未来。

企业犹如一艘驶往成功码头的巨轮，老板就是船长，所有员工则充当助手。只有大家为着一个共同的奋斗目标，各自把自己分内的事做到最好，才能保证这艘船正常前进，平稳、安全地驶向目的地。但如果你朝秦暮楚，这山望着那山高，视忠诚为无物，那你就等于站在一块涂满了油脂的木板上，因为自己对别的船只或岸上的活动的兴趣大于自己所做事情的兴趣而致使木板倾斜，最终让自己落入海里。

其实，忠诚不仅仅是品德范畴的东西，它更成为一种生存的必备品质，可以说是生存的保证。如果一个人失去了对公司的忠诚，那他就失去了做人的原则，失去了发挥个人能力的平台，自然也就没有成功的机会。

忠诚是任何一个职场中人必须具备的品质，所有的员工只有对企业忠诚，才能发挥出团队的力量，推动企业走向成功。企业的生存离不开少数员工的能力和智慧，更需要绝大多数员工的忠诚和勤奋。

忠诚的员工是不会被解雇的，因为忠诚不是纯粹的付出，忠诚也会有丰厚的回报。你忠诚地对待你的企业，企业也会真诚地对待你；你的敬业精神增加一分，别人对你的尊敬就会增加两分。即使你的能力一般，只要你真正表现出对企业的忠诚，你就能赢得企业的信赖。

当你真正把忠诚根植于内心的时候，你就会以一种高度负责的精神去完成自己的工作，从而获得比别人更多的经验，也让自己的潜力得到充分发挥。这样必然会提高自己的办事效率，增强自己的实力，让自己真正拥有实现自我价值的资本，走向更加辉煌的人生大道。

2

忠诚比能力更重要

忠诚是一种美德,也是一种修养,更是一种风骨,一种成大事者的特质。哲学家说:“如果说智慧像金子一样珍贵的话,那么还有一种东西更为珍贵,那就是忠诚。如果你是忠诚的,那你一定会成功。”

匡明是一家合资企业的业务部副经理,刚刚上任不久。他的能力非常强,毕业短短两年能够做到这样的位置也算是表现不俗了。但是匡明在担任业务部副经理时,有一次没有能抵制住自己心里的“恶魔”,在业务经理的牵线下,收了一笔款子,业务部经理说:“没事儿,大家都这么干,你还年轻,以后多学着点儿。”

匡明虽然觉得这么做不太好,但是他也没拒绝,半推半就地拿下了5万元。当然,业务部经理拿到的更多。没多久,业务部经理辞职了。就在业务部经理辞职后不久,匡明私自拿下5万元的事情被总经理发现了,虽然非常舍不得才干超群的匡明,但总经理还是决定辞退他,因为他对企业并不忠诚。

忠诚比能力更重要。失却了忠诚,就算能力超群,也无人敢用。

职场上关于忠诚重要还是能力重要的争论一直没有停止过。但是一项覆盖全球4000多名白领员工的调查显示,在公司公布升职员工名单时,超过一半的人会感到惊奇和意外。也就是说,那些最终获得升迁机会的人,往往不是工作能力最出色的员工,“冷门选手”更易被升职。原因是,在老板眼中忠诚比能力更重要。

心理专家分析,职场中的“热门选手”大都是业绩优异的员工,但在老板眼里,有一种东西比工作能力更重要——工作态度。美国心理专家罗伯茨·希姆指出:“在聪明和忠诚面前,老板的选择永远是后者。”因此,千万不要自作聪明，认为只要做好分内工作，达到出色业绩，就能升职。如果在平时的工作中，老板感觉你卖弄小聪明、不值得信赖，不管你天赋多高，也无法获得更大的发展。

能力是进入公司谋求发展的敲门砖，没有能力不会得到认可，更不会被委以重任；但忠诚是职场生存稳步做大的护身符，没有忠诚不会得到上司的青睐，更不会被安排要职获得步步高升。能力可以培养，但一旦失去了忠诚那么企业就面临着危险。在职场上，只有忠诚才是一个员工最基本也是最重要的素质。一个员工能力可以有所欠缺，但在忠诚上却容不得一丝瑕疵。如果你为公司付出你的忠诚，公司也会用忠诚来回报于你。

有一个大型家族企业，董事长已经很老了。为了使自己的家族和企业有一个放心的托付，他决定从两个儿子中挑选一个作为自己的接班人。

大儿子叫能力，二儿子叫忠诚。他们被叫到父亲床前，父亲语重心长地对他们说："我老了，我将从你们两个之中选择一个接替我。从今天起你们每人负责一个子公司，效益突出者就是我的接班人，时间为一个月。"

大儿子能力回到该他负责的公司并开始考虑：父亲已经年迈了，他死后的遗产一定会和忠诚平分，那样的话我岂不是拿得少？于是他便把企业名下的很多资产都转化为自己的私人财产，但又巧用手段使自己负责的公司的净利润大大增加了。二儿子忠诚回到该他负责的公司也开始考虑起来：父亲已经年迈了，我应该把他的事业发展得更大，让父亲安心。于是，忠诚每天都很忙碌，把公司的资产清清楚楚地作了核算，并撰写了详细的资产收益报告。在他的努力下，公司的净利润也得到了增加，虽然相对于能力的增长却还差得很远，但忠诚还是一如既往地奔波忙碌。

一个月后，他们来到了父亲的床边，床边的椅子上坐着公司的首席律师。父亲说："我最后的决定是让忠诚继承财产和家业，能力营私舞弊，转移资产，没收其应得的家产。请律师帮忙作证和核实。"能力一听瘫倒在椅子上。原来，两个人的公司里都有父亲的心腹，一举一动都在父亲的掌握之中。

只是强调能力而忽视忠诚显然是危险的。如果没有忠诚,能力越强反倒对企业的损害越大,有哪一个企业愿意雇用这样的人呢?忠诚不仅是一种品格,它本身就是一种能力,而且是其他所有能力的统帅与核心。只有忠诚的人,才有资格成为优秀团队中的一员。缺乏忠诚的人,就会失去发挥才能的舞台,再大的抱负也会成空,再高的才华也会一事无成。忠诚胜于能力,不是对能力的否定,而是对忠诚的肯定。

每一个员工都要明白,忠诚是一种比能力更加重要的品质。如果每个人都能做到这一点,在本职岗位上恪尽职守,不管领导在不在,都能尽忠于自己的工作,那么这将是员工走向职业生涯成功的起点。

3 与公司风雨同舟

与公司风雨同舟是员工忠诚品质的一种体现,也是员工职业道德中最重要的部分。企业和员工是一个共生体,企业的成长,要依靠员工的成长来实现;员工的成长,又要依靠企业这个平台。企业兴,员工兴;企业衰,员工衰。员工只有与公司同艰辛,共患难,才能在与公司的共同成长中实现自我的升华。

在任何一个公司,任何时候,员工都不能做一个旁观者,而是要树立“公司兴衰与己有关、公司发展我发展”的思想。作为一名员工,只有始终把公司的命运和自己的命运紧密联系在一起,时刻关注公司的利益,时刻着眼于公司的前进和发展,与公司同呼吸共命运,才能形成无坚不摧的团队,才能真正实现公司和员工的共同发展,达到一个又一个既定目标,真正取得胜利。

日本东芝株式会社的社长士光敏夫对员工的敬业精神要求特别高,

他最为人们津津乐道的一句话是:“为了事业的人请来,为了薪水的人请走。”心里只有薪水的人看到的只是福利和待遇,当公司遇到困难,不能再给予他们所需时,也是他们拍拍屁股走人的时候。因为事业聚集在一起的人才能真正把事业做大,才真正对企业怀有忠诚,才能与公司同风雨、共命运,即使企业面临困境,他也会同企业同舟共济,患难与共。

麦克·蒂罗1993年到某计算机配件制造公司时,公司只有二十来人,老板叫彼特,是一个只比他大三岁的年轻人。

1993年10月,公司接到一笔订单,为某计算机公司加工50万只硬盘。这对公司来说,已经是超级订单了,能否履行成功,对公司的发展影响极大。公司上下都忙了起来,全部资金和相关资源也都投了进去。然而,天有不测风云,一方面由于技术不过关,一方面由于控制上的疏忽,生产的硬盘出现了严重的质量缺陷。1994年2月,50万只硬盘全部被退货。这对于一个小公司来说,打击实在太沉重了,不仅没有赚到一分钱,还欠了银行一大笔债。银行天天上门讨债,公司员工也纷纷辞职,并逼着彼特要工资和失业赔偿金。

得到工资和赔偿金的员工一个个都走了,彼特信心全无,像木偶一样,看着空寂的公司只剩下自己一个人,心中不禁冒出凄凉之感。但当他走出办公室时,却发现还有一个人在安静地工作着。这个人就是麦克·蒂罗,他平日里并不怎么接近彼特先生,也从没有向他表过自己的忠诚。彼特非常感动,他走到麦克·蒂罗面前说:“你为什么没有向我索取失业赔偿金呢?如果你现在要,我会给你双倍的赔偿,而且首先支付你。虽然我现在已经身无分文了,但我相信我的朋友愿意借钱给我的。”

“赔偿金?”麦克·蒂罗笑了笑,“我根本没有打算离开,凭什么要索取赔偿金?”

“你不打算离开吗?”彼特显得异常惊讶,“难道你认为我们公司还有希望吗?不怕你笑话,我已经没有信心了。”

“不,我认为我们公司还有希望,你是公司的老板,你在公司就在;我是公司的员工,公司在我就该留下来。”麦克·蒂罗说。

彼特感动得几乎流下泪来:“有你这样的员工,我当然应该振作起来!可是,我不忍心你和我一起吃苦,你知道,我已经破产了,你还是快去找新的工作吧。”

“老板,我愿意和你吃苦。公司发展好的时候,我来到了公司,如今公司有困难了,我离开公司就太不道德了。只要你没有宣布破产,我就有义务留下来。你刚才不是说你的朋友愿意帮助你吗?如果你乐意接受我这个朋友,那么就让我来帮助你吧,我可以不要工资。”

麦克·蒂罗留了下来,并把积攒的五万多美元全部借给了彼特。彼特为了偿还债务,卖掉仅有的一个加工车间、所有设备和汽车。

接下来的日子里,彼特和麦克·蒂罗转变了公司经营重心,开始给一些软件公司寄销软件。因为是寄销,他们几乎不需要投入什么资金,公司很快有了转机,两人在忍受了近半年挤公车、吃盒饭的日子后,公司开始盈利了。五年后,公司迎来了快速发展期,迅速发展成为一家大型软件企业,资产也由原来的负数变成了十几亿美元。

有一天,彼特约麦克·蒂罗在一家咖啡厅谈心。“在公司最困难的时候,是你给了我最大的帮助。当时,我就想把公司的一半股权交给你,可当时公司那么糟糕,我怕拖累你,现在公司起死回生了,我觉得应该把它交给你了。同时,我诚挚地请你出任公司总裁。”彼特说着,拿出了聘书和股权转让书,转让书上标明公司50%的股权归麦克·蒂罗所有。

虽然每个人都希望自己所在的公司能够不断发展壮大,但公司的成长和个人的成长一样,不可能总是一帆风顺,总会身处一些逆境。每一个忠诚的员工都应该像彼特那样,明白“一荣俱荣,一损俱损”的道理,将个人的发展与公司的存亡紧密相连,即使公司遭遇困境,也要将忠诚进行到底。这样,公司一旦度过风雨,就会有一定的发展,这种发展也必然会为员工创造更大的成长空间。

美国钢铁大王卡内基说:“为我工作的人,要具备成为合伙人的能力。如果他不具备这个条件,不能把工作当成自己的事业,我是不会考虑给这样的年轻人机会的。”而沃尔玛最成功的地方就在于:让全体职工都明白,沃尔玛不是山姆·沃尔顿一个人的，它属于每一个辛勤工作的沃尔玛员工。

只有把公司当做自己的公司，把工作当成自己的事业，你才会真正明白，公司就是自己命运的承载体，公司的一切都和自己息息相关。也就说，当你选择一个公司并成为它的员工的时候，就意味着你踏上了一艘船，从此这艘船的命运就和你的命运牢牢联系在一起。让船乘风破浪，安全前行，是你不可推卸的责任。即使遇上风雨、礁石、海浪等种种风险，你都不能选择逃避，只能与它风雨兼程，并努力使它安全靠岸。如果你因为这艘船遇到状况漏水，就飞快地从上面跳下，而不是想着如何抢救和保护它，恐怕你只会掉进海里，被无边的海水所吞噬。

只有对公司怀有忠诚，与公司同舟共济，无论遇到什么情况，都能担负起责任，与公司共命运，将忠诚进行到底的人，才能受到最大的奖赏，在公司的大舞台上，演绎出自己独有的精彩。

4 频繁跳槽只会让你无槽可跳

拥有良好职业道德的员工即使不能保证一生只为一家企业做事，也不会频繁跳槽。因为他们懂得，忠诚于企业是员工必备的职业素养，频繁跳槽只会让自己最后无槽可跳。

在当今这个社会，员工跳槽，特别是年轻人跳槽已是屡见不鲜。跳槽已经成为一种风气蔓延开来，当这种风气蔓延到整个商业领域时，许多本来具有一定忠诚度的员工也受到感染，为数不少的人加入了跳槽大军的行列，换工作如换衣服，甚至到最后自己都不记得自己具体做过什么，使整个职业环境日趋恶化。

频繁跳槽的员工,特别是一些刚参加工作不久的员工,他们往往把企业当跳板,当过渡时期的临时旅店,他们总想着下一份工作会更好,总是积极地寻找下一次机会。他们往往不懂得感恩,缺乏对企业最起码的忠诚,眼中只看到自己的利益。他们总是“吃着碗里的,眼却看着锅里”,“这山望着那山高”。因此,他们虽然站在自己的岗位上,却不能履行自己的职责。这种人往往得不到企业的认可,更得不到自己事业的长远发展,最终只能像跳蚤一样,在企业间不停地跳来跳去,最后落得个人人讨厌的结果。

缺乏忠诚度,频繁跳槽,无视公司对自己的培养,在公司最需要支持的时候离去,无疑会使公司受到直接影响,但从更深层次的角度上看,对自己的伤害更深。无论是个人资源的积累,还是所养成的“这山望着那山高”的习惯,都会使员工的价值有所降低。频繁跳槽,不但不利于自己的经验累积和进步,更为重要的是难以取得老板的信任,自然也就没有进一步发展的机会,无疑,这一问题毫不留情地阻碍了你通向成功的道路。

两个大学计算机系的同学,在校时品学兼优,特别是在英文和电脑技术方面优势突出,毕业后一同应聘到北京一家著名的软件公司,令同学们羡慕不已。没想到,两个月后,同学甲就因为另外一家私企的高薪、股权引诱而跳过去。当时,他和同学乙商量一起走,但同学乙并不看好那家公司,他认为所在企业的企业文化非常有利于他们的发展,于是苦劝同学甲不要贸然跳槽。被冲昏了头脑的甲去意已决,当月就走人了。

然而,他哪里想到,那家私企的资金链异常脆弱,还处于四处融资的阶段,不久公司就出现了资金运转问题,连正常的薪水都无法发放。于是甲又跳槽了。在接下来的两年中,他就像一只无头苍蝇一样四处乱撞,一次比一次失望,短短几年时间里,同学甲已经相继尝试了软件、网络、销售、广告、媒体、汽车、保健品等多种行业。可谓是“万金油”,什么都会一点儿,但什么都不精通,只好一直做初级工作。这样时间长了,自己最初的知识也淡忘了,更不用说一些新兴的技术了。因此尽管甲奋斗了好几年,却还是两手空空。

而同学乙所在的公司已经在纳斯达克上市,因为他充分认同企业文化，干工作兢兢业业，现在已经成为一个重要部门的经理，手里拿着可观的原始股票，也买了车买了房。

同学甲这才发现还是原来那家公司最好，可是后悔晚矣！

虽说从职业的角度看，一个人难免要换几次工作，但这必须依据自己的整体人生规划进行调整，而不是盲目跳槽。一个人跳槽如果只是为了一些金钱上的收入，或者感到自己怀才不遇等原因，想着下一份工作会更好，那可能就得不偿失了。一位在两年内换了四家公司的男士感慨地说："原本想通过跳槽得到更好的职位和待遇，结果发现处处碰壁，现实总是不如想象的好。"

你很可能过高地估计了自己的实力，对就业形势和就业环境现状也作了一个错误的分析，由此下一份工作很可能同样让你不满意，这样你就很容易会走入频繁跳槽的惯性怪圈：工作遇到不顺时想跳槽，人际关系紧张时想跳槽，看见好工作（无非多挣几个钱）想跳槽，有时甚至没有任何理由也想跳槽，你所遇到的一切问题似乎都可以用跳槽来解决。这种感觉往往使人产生跳槽的冲动，甚至完全不负责任地一走了之，这时对他而言，忠诚敬业的精神往往已不复存在。有一些人不想通过个人努力奋斗来达到职位的提升，却以出卖公司的利益为筹码，来达到得到薪酬高的工作的目的。殊不知，这样做无疑是自掘坟墓，自己把自己逼上绝路。

有这样一位年轻人，在牛津大学修完了法律课程后，又在哈佛大学修完了工商管理课程。而且他文笔很好，口才也不错，曾担任某报社的专栏作家，也曾到一些大学去演讲，并能够激起听众的热情。按说这样的人才在就业方面应该有很大的优势，可事实并不是这样，他一直在为找工作而犯愁。究其原因却是由于缺乏对企业最起码的忠诚度，使他臭名远扬，致使没有一家公司敢聘用他。

1993 年，他修完了全部的博士课程后，在一家计算机公司担任市场总监。工作不到半年，他竟把公司的市场开发机密卖给了竞争对手。拿到出卖机密的款项后，他又跳槽到一家制药厂担任策划总监。三个月不到，他听说另一家制药公司薪酬高，就以自己掌握有重要的新药开发资料为诱饵让那家公司聘用了他。新老板看中的是新药开发资料，并不是他这个不忠诚的博士,资料一到手便将他辞退了,并将他列入了永不聘用的“黑名单”。

好在当时他的臭名声还没有传开,找工作并不难,他很快又加盟了一家电器公司,并出任了公司总经理的职务。遗憾的是,他并不懂得珍惜机会,他又一次出卖了老板,并把公司的一批骨干带走,准备自己当老板。

他开了一家电器公司,但不到半年就关门了,他只好又重新开始找工作。

从 1993 年到 1998 年短短五年的时间,除去他自己当老板的那一小段时间里,他居然先后在 21 家公司工作过,也先后背叛和出卖了 21 家公司。由于他是一个很有能力的人,加之一直都担任高层管理职位,所以他的每一次背叛对聘用他的公司都是非常沉重的打击。

很快,这个才华出众的博士在企业间就臭名昭著了,他被贴上了“不忠诚”的标签,成了一个不受欢迎的人,并被多家公司列入了黑名单。

频繁跳槽,出卖公司机密无疑都是对企业的背叛。对于公司来讲,一个人对企业不忠的时候,他本身的价值也就荡然无存。因为频繁跳槽并不能说明你多么有能力或者经验丰富,而恰恰说明了你适应性差或者能力低下,以及对企业极度的不忠诚。任何一个企业都不会喜欢一个频繁跳槽的人,也绝不会给此人更多培训、升职、加薪的机会。

面对一些员工的频繁跳槽,一位猎头公司的经理这样说:“高年薪阶层人士的经历,都有一个共同点,就是跳槽经历非常少,一般 5～8 年才跳一次,甚至要 10 年以上才跳一次,关键在于其最初择业的时候非常清楚自己要选择什么行业,而不是像现在的大学生这样,频繁地跳槽。经常跳槽的人,年薪一般很难达到 10 万元以上。”

俗话说:“常挪的树长不大。”忠诚于企业,不频繁跳槽是员工职业道德的重要方面,也是员工升职加薪的有力保证。因此,千万不要让自己在频繁地适应新工作、新环境的跳槽中浪费生命,而要端正态度,对自己内心的需求和奋斗目标有个明确的认识,从而选择你爱的,爱你选择的,立足于现实,适应企业要求,适应企业文化和企业理念,努力完成工作并主动迎接挑战，这样才可以在职业生涯中有更好的发展。

5 不要与公司产生分歧

人在遭受挫折与不公正待遇时，往往会采取消极对抗的态度。虽然说这是一种正常的心理自卫行为，但却是员工职业道德范畴所不允许的，同时也是许多老板心中的痛。大多数老板认为，牢骚和抱怨不仅惹是生非，而且会造成组织内彼此猜疑，打击团队士气。

阿娇是一个受过良好教育、才华横溢的年轻人，却长期在公司得不到提升。与她交谈，你会发现她总是满腹牢骚。除此之外，她还缺乏独立承担责任的勇气，也不愿意自我反省，久而久之也就养成了一种嘲弄、吹毛求疵、抱怨和批评的恶习；她根本无法独立自主地做任何事，只有在被迫和监督的情况下才能工作。

她以一种玩世不恭的姿态对待工作，觉得自己工作是在出卖劳动力；她蔑视敬业精神，嘲讽忠诚，将敬业视为老板盘剥员工的手段、愚弄员工的工具。因为在她看来，老板是靠不住的。

反过来，在老板看来，阿娇也越来越不可靠最后，阿娇被解雇了。

有所施才有所获，如果你决定继续工作，就应该忠诚于公司；如果你无法不中伤、非难和轻视你的老板和公司，就放弃这个职位，从旁观者的角度审视自己的心灵。只要你依然是这个公司的一分子，就不要诽谤它、伤害它，这是员工良好职业道德的体现。而且，轻视自己所就职的公司就等于轻视自己。

无论谁做任何事情,肯定会受到他人的批评、中伤和误解。从某种意义上说,批评是对那些伟大杰出人物的一种考验。杰出无须证明,证明自己杰出的最有力证据就是能够容忍谩骂而不去报复他人。林肯做到了,他让那些轻视他的人意识到:“自己种下分歧的种子,必会自食其果。”

卢卡斯是一名耶鲁大学的学生。但他却无法代表真正的耶鲁精神,因为他对耶鲁充满了批评和抱怨。其实,问题并不是出在学校,而是在卢卡斯身上。他在精神上与学校是那样的不和谐,这使得他无法真正从耶鲁获得教益。

虽然耶鲁并不是一所至善至美的大学(关于这一点,相信耶鲁校长和其他耶鲁学生都不会否认),但耶鲁的确能够给学生提供许多优越的学习条件,至于能否充分利用这些便利条件则取决于学生本人。

卢卡斯越来越迷惑,于是他决定向学校心理导师求教。心理导师给出了这样的建议:“如果你是一名在校大学生,就应该充分利用好学校的资源,衷心地给学校以同情和忠诚,并引以为豪。如果说学校还存在着许多不完美的地方,那么你更要努力学习,这样它就会变得更美好。”

同样,如果公司老板在管理方面存在着某些缺陷的话,你大可指出他在管理方法上的不合理之处,然后告诉他应该如何改革。

尝试着这样去做吧,这是员工必备的职业道德之一!但如果由于某种原因你无法做到,那么请作出以下选择:坚持还是放弃,你只能两者择其一——现在就开始选择吧!

6

诚信，职场取胜的法宝

诚信是职场优秀员工必备的美德之一。诚信与否，往往会让一个人的处境发生翻天覆地的变化：诚实的人终究会得到人生的奖赏；而不诚实的人，等待他的将是失败和一无所获。一名员工只有诚实守信，才能够赢得他人的信赖和敬重，让老板乐于接纳。

所以说，诚实的品德是员工取胜职场的法宝。一个人如果仅仅工作能力强，而道德水平不高，无法给人信赖、可靠的感觉，那么他对企业来说就是一种债务，而不是企业的资产。如果把品德比喻为铁轨，那知识和智力就是推动火车前行的动力，失去了品德这个轨道，马力越大就越容易导致车毁人亡。

"你不诚实，我不要你！"这是松下在招聘过程中一贯坚持的原则。松下认为，诚实的态度是取得他人信任和理解的首要前提。以诚实的态度对待客户，客户会信任你，从而信任你的产品；以诚实的态度命令下属，下属们会体会出命令的意义，即使认为过于严格，也都会谅解而认真地执行。

诚实正直往往具有强大的亲和力，它可以让你的老板和合作伙伴产生与你交往的愿望，如果他们认为你是诚实正直的，他们就会无条件地接纳你。因为员工是企业的一分子，企业的诚信最终要靠员工的诚信来维持。企业里的每一个员工如果都能够用诚信的尺度来衡量自己的工作，就能不断取得客户的信任和支持，企业的竞争力也一定会大大增强。

柯达是一个非常注重员工诚信的企业，所以在招聘时对员工的诚信度要求也很高。

一次，柯达业务部准备招聘几名营销员，在众多的面试者中，柯达要求应聘者如实地写出自己的优缺点。许多应聘者都

怕自己的优点比别人少,被别人比下去,于是大多都夸夸其谈,甚至还有意夸大自己的优点,但在写缺点时,却又让人看不出自己写的是缺点。比如"我常常工作起来不注意身体"、"见了对公司不利的事就想管,因此经常得罪人"、"听不得别人对领导的不同意见",等等,不一而足,这些人当然在第一轮的面试中就被淘汰掉了。

最让招聘者看重的则是一位没有"优点"的求职者。他是这样评价自己的:"我的表现一般,如果一定要写优点的话,应该还算勤奋好学;缺点就是本人没有市场营销经验,性格又有些固执,可能对工作不利。"招聘者认为,这位应聘者的诚实是难能可贵的,因此,他成了那次应聘的第一个成功者。

由此可见,柯达宁愿放弃知识和能力比较强的应聘者,也不会随便给一个不诚信的人一次机会。招聘领导认为,一个人除了有家庭责任感以外,对老板诚实、守信是最重要的;一个不具备诚信的人,在工作岗位上也会玩忽职守。这样的人,公司怎么能让他进来呢?

只有具有诚信品质的员工才具有稳定性,公司才能放心地对其进行培训;不诚信的人,再有能力也不可靠,因为他对企业的忠诚不能长久。因此,诚实守信,才能赢得人心,是踏上成功的第一步台阶。

某保险公司竞聘销售经理一职,大家都认为此职非张萌莫属。张萌不但聪明能干,业绩、薪水比同期业务员的都高,而且还能和上司、同事搞好关系。可是,最终结果出来了,不是张萌,而是那个被大家认为有点"傻"的周彤彤,领导说要考虑长远利益。

大家都知道,保险业务经常被说为是可以挑战高薪的职位,因此很多人都是抱着能挣大钱的想法来工作。因此,在工作中,很多人习惯给客户介绍多种产品组合,并对客户进行误导,以至于很多客户在不知情的情况下,购买双份或多份保险。当然张萌也不例外,她甚至还许诺给客户很多不在保险理赔范围内的事情,到客户索赔时,便将全部事情推给公司。聪明伶俐、能说会道的她,再加上那么些优惠政策,因此,张萌总能比别人多拉到订单,很快她的业绩便成为小组第一。

而周彤彤好像总是害怕客户吃亏，她总是站在客户的角度去想问题。她总是根据客户的收入、家庭结构等来设计产品组合，并同时给他们讲明各种产品的不同之处和利弊。由于她为人实在又很勤奋，她拥有同期业务员里最多的客户量，但拿到的订单却没有别人的多。因此，别人总认为她有点傻。现在，却让这么个人任销售经理，很多人心里觉得不可思议。但领导似乎有领导的想法。

果然，一年后，领导的决断得到了验证。因为大家发现，不知道从什么时候起，周彤彤好像成了最忙的人，每天电话不断，还常常有人主动找她买保险。而原来小组第一的张萌不仅订单越来越少，而且由于原先许诺给客户的理赔方案无法兑现，致使客户不满，经常来到公司处理，搞得理赔部鸡犬不宁。张萌在公司的地位也每况愈下，最后只好引咎辞职。大家这才明白领导说的“长远利益”的含义。

一个诚实正直的员工获得财富和晋升的速度可能不如弄虚作假、投机钻营的人来得快。那些人善于溜须拍马，阿谀奉承，短时间可能获得很高的利润，但绝对不会长久。因为虚假的东西都经不起时间的考验，在他们多得到一份利益的同时，他们已经丢失了最宝贵的品格。

一个诚实正直的员工获得的成功才是真正的成功，因为他永久地保持了自己的人格尊严和受人尊敬的地位，他的人格和良好的声誉就是得到老板重用和获得高薪的保证。

一旦你的老板认为你是一个诚实可靠的人，他就会信任你，就会给你更多培训的机会，并对你委以重任。“诚信是最好的策略。”唯有诚信才会升华你的人格，让你赢得他人的信赖和敬重，让更多的人支持你；唯有诚信，才能让你真正稳立职场，拥有晋升和发展的机会，因为诚信是员工职业道德的重要方面。

第三章　干一行爱一行:敬业是职业道德的灵魂

我国自古便有“忠于职守”、“敬业乐群”的传统,“敬业”更是流传了几千年的传统美德。干一行爱一行,始终对工作保持应有的热情不仅是员工职业道德修养的重要方面,也是员工养成敬业好习惯、成就卓越自我的前提。

1

敬业才能立业

敬业是立业的前提和基础，是员工必备的职业道德品质。有了敬业精神，员工才能有立业之志，有立业之能，才能增立业之才。任何一个公司，如果没有敬业精神做支柱，那么这个公司倒闭也是早晚的事情；任何一名员工，如果缺乏敬业精神，那么他丢掉工作也是迟早的事情。

敬业是公司的需求，同时也是员工对自己未来负责的一种表现。因为敬业才能立业。

小丁是一个很有才华的年轻人，但他对待工作总是显得漫不经心。他对工作的看法如同我们经常听到的那样："我只不过是在为老板打工，又不是我自己的公司。如果我有了自己的公司，我一定能夜以继日地努力工作，甚至比他做得更好。"

半年后，小丁离开了原来的公司，自己独立创办了一家公司。小丁对朋友说："我会很用心地努力工作，因为它是我自己的。"说这番话的时候，小丁神情激昂。

然而，小丁的公司仅运行了半年便倒闭了。他不得不重新去为别人工作，因为他认为自己开公司太麻烦、太复杂，根本不适合他的个性。这种结果其实早在大家的意料之中。一个人在做员工时缺乏忠诚和敬业态度，这种习气必将影响到他的今后，无论他从事何种行业，即使是自己做老板，这种态度也绝不会轻易改变。

敬业是一种积极向上的人生态度。秉持这种态度的人会树立"这个

世界没有卑微的工作,只有卑微的工作态度”的职业价值观。敬业的人对自己的职业水准有很高的要求:精益求精,永远对工作现状不满意,永远在改善工作。这种敬业精神,在职业发展道路上,直接决定了职业发展的高度。

如果你去问今天大专院校学生工作好不好找,相当一部分人会说不好找。如果你去问今天的公司经理们,人才是不是很易得,同样也会有相当一部分人说找个合适的人才并不易。其中的原因,绝不是“信息不对称”所能解释的,最关键的重点就在于:一个真正优秀的人才,不仅仅要有出色的专业知识和工作技能,更要有对工作全心全意的敬业精神,这样才真正算得上一个人才。没有敬业精神,做不好本职工作,又有哪个企业需要这样的“人才”呢?

无论从事什么职业,只有全心全意、尽职尽责地工作,才能在自己的领域里出类拔萃,这也是敬业精神的直接表现,更是让你在职场立足的基本前提。

在事业发展中,有了敬业精神我们就会深深地喜欢上我们所从事的职业,就会更进一步地专心致志从事我们所做的事情,从而达到专业的程度,成为行业专家,你的事业当然也就发展起来了。

马汉伟,浙江嘉兴铁路派出所民警,一个平凡岗位的坚守者,一个百姓平安的捍卫者,一个四等小站的普通线路民警,一个天天走两条钢轨、“混迹”于村民中的普通民警,在一个最平凡的岗位上执著地实现了卓越的不凡人生。

一个四等小站,一个平凡的铁路民警,却留下了许多令人难忘的故事——他背起遭遇车祸、血肉模糊的大娘奔向医院,救人于危难之中;他多方奔走协调,跑断了腿说破了嘴皮,为村民安全建起立交桥;他凭着自己的韧性坚持,协调各方修成了一条200米的便民小道,保障了铁路沿线村民的出行安全;他为了保障火车提速的安全,在动手术之后就立即返回岗位……点点滴滴的事迹叙说了马汉伟30年的职业人生,也告诉我们一个普通人如何从平凡实现卓越的成长奥秘。

30年来,他先后被评为“十佳线路民警”、“全路优秀人民警察”。30年间,除了两次动手术住进海宁医院,一次去领劳模荣誉,马汉伟从来没有离开过小站。“我待习惯了,我爱这个地方。”

30年间,小站变了又变,小站的建筑改建了,小站的职工更换了,只有马汉伟,像一道路标,始终默默而又严谨地矗立在斜桥站的站台上,精心呵护着这一方属于自己的领土。

敬业是岗位之魂,敬业是立业之基。敬业才会使你出类拔萃,敬业使你事业稳固,敬业使你拥有更多的机会。敬业精神能化苦为乐,化复杂为简单,化踌躇为果断,并在工作中迸发出无穷的力量,使你在为企业作出更大贡献的同时成就更辉煌的自己。

2

职业就是你的事业

卡耐基说:“热爱人类,拥抱人类是我的信仰。”巴顿说:“我离不开战场,那里有我的信仰。”邓肯说:“我爱舞蹈,它是我的信仰。”而你从事了一种工作,也应该把你的职业当做你的信仰,这是员工职业道德的基本要素之一。

20世纪最伟大的科学家爱因斯坦在《我的信仰》里明确地指出人是为劳动而生的,他认为,人只有把自己奉献给工作才是有意义的。要实现自我价值,要实现人生的理想,我们就应当把工作当成自己的信仰,就应当具备敬业精神。

把工作当做生命的信仰,你才能真正认识到工作是什么,工作为什么,工作干什么;把工作当做生命的信仰,你才会不甘平庸、不甘落后,你才敢在逆境中拼搏,在奋斗中成功;把工作当做生命的信仰,你的生活才会过得更充实,你的人格才会变得更完美,你的生命才会变得更有意义!

我们知道,一个人的职业,是一个人志向的表示,理想的所在。如果一个人对工作怀有一种生命的信仰,他会把眼下的工作当做神圣的天职,并且有着一种非做不可的使命感。他就会把眼前的工作看做是自己一生的事业,觉得自己所从事的是一份有价值、有意义的工作,就有源源不断的工作激情,并从中体会到神圣的使命感和成就感。

有一个小和尚在一座名刹担任撞钟之职。他自认为早晚各撞一次钟,简单重复,谁都能做,并且钟声只是寺院的作息时间,没什么大的意义。就这样,抱着“做一天和尚撞一天钟”的心态无聊至极地敲了半年钟。

有一天,方丈宣布调他到后院劈柴挑水,原因是他不能胜任撞钟之职。小和尚听了很不服气,就问老方丈:“我撞的钟难道不准时,不响亮吗?”

方丈告诉他:“你撞的钟很响亮也很准时,但是钟声空泛、疲软,没什么分量。钟声不仅仅是寺里作息的准绳,更为重要的是要唤醒沉迷的众生。为此,钟声不仅要洪亮,还应圆润、浑厚、深沉、悠远。心中无钟,即是无佛;不虔诚,不敬业,怎么能担当神圣的撞钟工作呢?”

对于工作,人们的认识通常有不同的层次,如果一个人只是将工作视为烦琐事件的集合体,那么他对于上帝和人类都是失职的,他就不会将眼前的普通工作与自己的人生意义联系起来,就会对工作失去崇敬之心。而如果一个人以一种尊敬、虔诚的心态对待工作,把自己的工作当成自己喜欢并乐在其中的使命来做,就能极大地调动自己的积极性,发掘出自己特有的能力,即使是辛劳枯燥的工作,也能从中感受到价值,那么他就已经具备敬业精神,这也是每一个普通的个体都应该具备的。

一个人只有以一种尊敬、虔诚的心灵对待职业,甚至对职业有一种敬畏的态度,他才具有敬业精神。但是,他的敬畏心态如果没有上升到视自己的职业为天职的高度,那么他的敬业精神就还不彻底,还没有掌握其精髓。

我们必须明白,工作是我们生而被赋予的权利,是每个人的使命,是人与生俱来的一种责任,是我们天然的义务,是我们本来就应该做的事情。美国石油大王约翰·洛克菲勒曾说过:“除了工作,没有哪项活动能提供如此高度的充实自我、表达自我的机会，也没有哪项活动能提供如此强的个人使命感和一种活着的理由。工作的质量往往决定生活的质量。”

每个人都应将工作视为自己不可推卸的神圣天职，这种信念具有神圣感和使命感。它强调的是像信仰上帝一样去信仰职业，倡导的不是虚空的崇拜而是务实的敬业精神。它要求我们始终对工作怀有一种使命感和责任感，并视之为人类的幸福和欢乐的源泉。因为它和所有有价值的事情一样，需要我们用一颗真诚的心去对待。如果一个人以一种尊敬、虔诚的心态对待职业，甚至对职业有一种敬畏的态度，那么他就是敬业的。因为他将自己的职业视为自己的生命信仰，真正掌握了敬业的本质。

那些有强烈工作使命感的牧师们，无论是非洲蒙昧的原始森林，还是南美洲的高山峻岭，到处都有他们的身影。他们敢于只身前往几乎与世隔绝的穷乡僻壤、茹毛饮血的土著部落、卫生条件极其恶劣的瘟疫流行地区传教，他们甚至一辈子在那里传教，过着极其艰苦的生活，甚至老死在那里。他们别无所图，只为完成自己的神圣使命而忘我地工作着，直至离开人世的那一天。

德国思想家马克思·韦伯认为，有的人之所以愿意为工作献身，是因为他们有一种“天职感”，他们相信自己所从事的工作是神圣事业的一部分，即使再平凡的工作，也会从中获得某种人生价值。他们明白自己生存的意义，并因而感受到幸福和自我满足。

1910 年出生在南斯拉夫境内的一个阿尔巴尼亚族农家的特蕾莎，本名阿格尼丝。她的家乡位于现在脱离南联盟独立的马其顿首都斯科普里，那一带至今还很贫穷，长期受混乱和民族矛盾困扰。她小小年纪就开始思索人生，12 岁时感悟到自己的使命是帮助穷人，这决定了她被称为“活圣人”的一生。

17 岁时，她发了初愿，到爱尔兰的劳莱德修女院学习，随后到印度大吉岭受训，27 岁时发终身愿成为修女。1948 年她远赴印度，成立仁爱传教修女会。1997 年去世。

她创建的组织有四亿资产，世界上最大最有钱的公司都愿意捐款给她。她身后，有数不清的追随者和义务工作者，分布在 100 多个国家；她认识众多总统、国王、传媒巨头和企业巨子，受到他们的仰慕和爱戴。

她住的地方,唯一的电器就是电话;她穿的衣服,一共只有三套;她只穿凉鞋没有袜子,她把一切都献给了穷人、病人、孤儿、孤独者、无家可归者和垂死者。

1979 年,诺贝尔委员会从包括美国总统卡特在内的 56 位候选人中,选出了她,把诺贝尔和平奖授予了这位除了爱,其他一无所有的修女。

诺贝尔和平奖授奖公报曾对她作出评价:她的事业有一个重要的特点就是尊重人的个性、尊重人的天赋价值。那些最孤独的人、处境最悲惨的人,得到了她真诚的关怀和照料。这种情操发自她对人的尊重,完全没有居高施舍的姿态……她个人成功地弥合了富国与穷国之间的鸿沟,她以尊重人类尊严的观念在两者之间建设了一座桥梁。

人们心灵深处对工作的信仰是敬业精神的源头。只有你满怀对工作的虔诚与尊重,并真正让自己的身心投入其中,为之奉献自己全部的精力,这样你的价值才能得以实现,你的人生理想才能得以完成,你的人生才真正富有意义。

因为强烈的使命感促使人们积极采取行动,为实现自我信仰和人生目标而努力奋斗。这不仅意味着不畏辛劳、全身心地投入,更意味着一种献身的热情与勇气。他们为了自己的信仰和使命,不会畏惧前行路上的任何坎坷与挫折,甚至不顾惜生命,那么,就没有什么困难克服不了,没有什么人生价值不能实现。

3 乐业是敬业的最佳注释

敬业的员工总是乐于从事自己的工作,对自己的职业充满兴趣。因此,拥有良好职业道德的员工不仅敬业,更要乐业,乐业是敬业的最佳注释。

一日,有位学者在外散步,他看见一名警察愁眉苦脸,就问:“怎么了?有什么事情让你烦恼吗?”警察回答说:“我一天到晚巡逻,却只能挣10美元,这样的工作简直是浪费时间。”

这时,一个灰头土脸的扫烟囱的人走过来,学者觉得他很快乐,就问他:“你一天能有多少收入?”那人回答道:“3美元。”学者又问:“一天才拿3美元,你为什么这么快乐?”扫烟囱的人惊讶地说:“为什么不呢?”警察鄙视地说:“只有垃圾才爱干垃圾的工作。”学者严肃地说:“警察先生你错了,他在干着使自己愉悦的工作,但是你却每天被工作奴役着,他的人生一定比你更精彩!”

职业创造快乐。梁启超在《敬业与乐业》中讲道:“凡职业都是有趣味的,只要你肯继续做下去,趣味自然会发生。”每一项工作都充满着无限的乐趣,就看你怎么去发掘它。乐其业,对工作充满激情,始终保持良好的精神状态,是每一个好员工都应该具备的心态,也只有他们才能在对事业的执著追求中享受到工作所带来的愉悦和满足。

把工作当成一件快乐的事,才能保持一颗积极、绝不轻易放弃的心,正确面对工作中的困难,为自己不断注入前行的勇气。把工作当成一件快乐的事,才能真正把工作当成一件艺术品去完成,才能使原本乏味、单调的工作变得有意义,并处处洋溢着快乐。把工作当成一件快乐的事,充分发挥自己的聪明才智,处处以主动、努力的精神来工作,就必然能做出自己的那一份精彩。

快乐是自己创造的,不管是为了物质追求,还是为让工作开展得更顺利,企业里每一个乐业的员工都会在单调的工作中寻找乐趣,把工作做得有声有色,也必然会收到意料不到的回报。

敬业是一种美德,乐业是一种境界。人的一生中,可以没有很大的名望,也可以没有很多的财富,但绝不可以没有工作的乐趣。“乐在工作”是简单易懂的四个字,但能由衷地领悟它且能在工作上心生喜悦地享受它却不是一件容易的事。看一下阿尔伯特·哈伯德先生讲述的故事,你可能会对乐业有一个更深的理解。

几年前,我去巴黎参加研讨会,因为开会的地点不在我下榻的饭店,看地图研究许久,仍然不知该如何前往会场所在的宾馆。于是,我走到大厅的服务台,请教当班的服务人员。

这位身穿燕尾服、头戴高帽的服务人员,是位五六十岁的老先生,脸上有着法国人少有的灿烂笑容,他仪态优雅地摊开地图,事无巨细地写下路径指示,并带着我走到门口,再对着马路比画宾馆的方向。

他的热忱及笑容让人如沐春风。原来公认冷漠的"法式服务",也有如此动人的一面,我不禁在心里打了个惊叹号。

在致谢道别之际,他微笑有礼地回应:"不客气,祝你很顺利地找到会场。"接着他补充了一句:"我相信你一定会很满意那家饭店的服务,因为那儿的服务员是我的徒弟!""太棒了!"我笑了起来,"没想到你还有徒弟!"

老先生脸上的笑容更灿烂了:"是啊,25 年了,我做这份工作已经 25 年了,培养出无以数计的徒弟,而且我敢保证我的徒弟每一个都是最优秀的服务员。"他的言语流露出发自内心的骄傲。

我看着他,心里有一种很奇怪的感觉。"什么?都 25 年了,你一直站在饭店的大门口啊?"我不禁停下脚步,请教他乐此不疲的秘诀。

老先生回答说:"我总认为,能在别人生命中发挥正面影响力,是很过瘾的事情。你想想看,每年有多少外地旅客来到巴黎观光,如果我的服务能帮助他们减少'人生地不熟'的胆怯,而让大家宾至如归,因此有个很愉快的假期的话,这不是很令人开心吗?这让我感觉自己成为每个人假期中的一部分,好像自己也跟着大家度过了假期一样的愉快。"

"我的工作是如此的重要,许多外国观光客就因为我而对巴黎有了好感。"他说,"所以我私下里认为,自己真正的职务其实是巴黎市地下公关局长!"他眨了眨眼,爽朗地说。

只有从心底里热爱自己的工作,才能从工作中享受到工作的乐趣,才能获得生活的快乐,才能在工作中更加出色地发挥自己的能力,获得成功。

成功者无论做什么，都能真心热爱自己所做的事，都能在工作中找到乐趣，并让自己乐在其中。他们乐于工作，并将这份喜悦传递给他人，使大家不由自主地接近他们，乐于与他们相处或共事。

敬业需要乐业，乐业是对敬业的最高注解。乐业，即是打心眼里热爱自己的职业，或者说对自己的工作充满爱心。爱心是事业的灵魂，事业好比花的幼芽，只有用爱心的阳光去照耀，才能开出绚丽多姿的花朵。因此，我们时常听到许多创作者指着自己完成的作品说："这就像我的孩子。"

纪伯伦在《论工作》中说："怎样才是仁爱地工作呢？从你的心中抽丝，织成布帛，仿佛你的爱者要来穿此衣裳。热情地盖造房屋，仿佛你的爱者要住在其中。温存地播种，喜乐地收获，仿佛你的爱者要来吃这产物。这就是用你自己灵魂的气息，来充满你所制造的一切。倘若你不是快乐而是厌恶地工作，那还不如撇开工作，坐在大殿的门边，去祈求那些欢乐工作的人的周济；倘若你无精打采地烤着面包，你烤成的面包是苦的，只能救半个人的饥饿；你若是怨望地压榨着葡萄酒，你的怨气便在酒里滴下了毒液；倘若你像天使一般地唱却不爱唱，你就把人们能听到白日和黑夜的声音的耳朵都塞住了。"

工作着是美丽的，创造着是快乐的，在努力做好本职工作的同时，透过它你能看到更美好的未来，能看到更灿烂的前景。

孔子告诉我们："知之者不如好之者，好之者不如乐之者。"当一个人对工作投入精进不息的精神，火焰般的热情，并充分发挥自己的特长，那么不论他所做的工作怎么样，他都不会感到工作上的劳苦，也必然可以从平庸悲苦的境况中解脱出来，真正从工作中获得快乐。这样的人是拥有良好职业道德的人，也一定是可以领悟到敬业真谛的人。

4

为自己的梦想打工

在许多人看来,工作只是一种简单的雇佣关系,做多做少、做好做坏对自己的意义并不大。然而,这一想法却是大错特错,是员工职业道德所不容许的。

汉斯和诺恩同在一个车间里工作,每当下班的铃声响起,诺恩总是第一个换上衣服,冲出厂房。而汉斯则总是最后一个离开,他十分仔细地做完自己的工作,并且在车间里走一圈,看到没有问题后才关上大门。

有一天,诺恩和汉斯在酒吧里喝酒,诺恩对汉斯说:“你让我们感到很难堪。”

“为什么?”汉斯有些疑惑不解。

“你让老板认为我们不够努力。”诺恩停顿了一下又说,“要知道,我们不过是在为别人工作。”

“是的,我们是在为老板工作。但是,也是在为自己而工作。”汉斯的回答十分肯定而有力。

大多数人并没有意识到,自己在为老板工作的同时也是在为自己工作——你不仅为自己赚到养家糊口的薪水,还为自己积累了工作经验,工作带给你许多远远超过薪水的东西。从某种意义上来说,工作真正是为了自己,要说在为别人打工,也是在为自己的梦想而打工。

齐瓦勃出生在美国一个贫穷的乡村,只受过很短的学校教育。15岁那年,家中一贫如洗,他来到邻村做了一个马夫。然而雄心勃勃的齐瓦勃无时无刻不在寻找着发展的机遇。三年后,齐瓦勃终于来到了钢铁大王卡内基所属的一个建筑工地打工。一踏进建筑工地,齐瓦勃就抱定了要做同事中最优秀的人的决心。当其他人在抱怨工作辛苦、薪水低而怠工的时候，齐瓦勃却默默地积累着工作经验，并自学建筑知识。

一天晚上，同伴们在闲聊，唯独齐瓦勃躲在角落里看书。那天恰巧公司经理到工地检查工作，经理看了看齐瓦勃手中的书，又翻开他的笔记本，什么也没说就走了。第二天，公司经理把齐瓦勃叫到办公室，问："你学那些东西干什么？"齐瓦勃说："我想我们公司并不缺少打工者，缺少的是既有工作经验又有专业知识的技术人员或管理者，对吗？"经理点了点头。

不久，齐瓦勃被升任为技师。有些人讽刺挖苦齐瓦勃。他回答说："我不光是在为老板打工，更不单纯为了赚钱，我是在为自己的梦想打工，为自己的远大前途打工。我们只能在业绩中提升自己。我要使自己工作所产生的价值远远超过所得的薪水，只有这样我才能得到重用，才能获得机遇！"抱着这样的信心，齐瓦勃一步步升到了总工程师的职位上。25 岁那年，齐瓦勃又升任为这家建筑公司的总经理。

卡内基钢铁公司有一个天才的工程师兼合伙人琼斯，在筹建公司最大的布拉德钢铁厂时，他发现了齐瓦勃超人的工作热情和管理才能。当时身为总经理的齐瓦勃，每天都是最早来到建筑工地。当琼斯问齐瓦勃为什么总来这么早的时候，他回答说："只有这样，当有什么急事的时候，才不至于被耽搁。"工厂建好后，琼斯推荐齐瓦勃做了自己的副手，主管全厂事务。

两年后，琼斯在一次事故中丧生，齐瓦勃接任了厂长一职。因为齐瓦勃的天才管理艺术及积极的工作态度，布拉德钢铁厂成为卡内基钢铁公司的灵魂。因为有了这个工厂，卡内基才敢说："什么时候我想占领市场，市场就是我的。因为我能造出又便宜又好的钢材。"几年后，齐瓦勃被卡内基任命为钢铁公司的董事长。

在齐瓦勃担任董事长的第七年，当时控制着美国铁路命脉的大财阀摩根，提出与卡内基联合经营钢铁。一开始，卡内基没有理会。于是摩根放出风声，说如果卡内基拒绝，他就找当时居美国钢铁业第二位的贝斯列赫姆钢铁公司联合。这下卡内基慌了，他知道贝斯列赫姆若与摩根联合,就会对自己的发展构成威胁。

一天,卡内基递给齐瓦勃一份清单说:“按上面的条件,你去与摩根谈联合的事宜。”齐瓦勃接过来看了看,对摩根和贝斯列赫姆公司的情况了如指掌的他微笑着对卡内基说:“你有最后的决定权。但我想告诉你,按这些条件去谈,摩根肯定乐于接受,但你将损失一大笔钱。看来你对这件事没有我调查得详细。”经过分析,卡内基承认自己高估了摩根。卡内基全权委托齐瓦勃与摩根谈判,取得了对卡内基有绝对优势的联合条件。

摩根感到自己吃了亏,对齐瓦勃说:“既然这样,那就请卡内基明天到我的办公室来签字吧。”齐瓦勃第二天一早就来到了摩根的办公室,向他转达了卡内基的话:“从第51号街到华尔街的距离,与从华尔街到51号街的距离是一样的。”摩根沉吟了半晌说:“那我过去好了!”摩根从未屈就到过别人的办公室,但这次他遇到的是全身心投入工作的齐瓦勃,所以只好低下自己高傲的头颅。

后来,齐瓦勃终于建立了大型的伯利恒钢铁公司,并创下非凡的业绩,真正完成了从一个打工者到创业者的飞跃。

显然,齐瓦勃是一位职业道德高尚的工作者,也正是因为有了“为自己的梦想打工”的这一信念,他才一步步地登上了总工程师的职位。请记住,一名优秀的员工必然是一名有良好职业道德的员工,必然是一名懂得工作就是在为自己梦想奋斗的员工!

5 每一件事都值得去做

很多人认为,人生来是有高低贵贱之分的,工作也同样如此。其实不然，人人平等，工作也亦然。不管你从事的工作是什么，千万不要因为觉得卑微而不用心去做；不管你对自己的工作有什么看法，都要懂得一个道理：每一份工作、每一件事情都值得我们去做。而这也是员工职业道德的基本要求。

法国卢浮宫收藏着莫奈的一幅画，描绘的是女修道院厨房里的情景。画面上正在工作的不是普通人，而是天使。一个正在架水壶烧水，一个正优雅地提起水桶，另外一个穿着厨衣，伸手去拿盘子……

即使日常生活中最平凡的事，天使们也会全神贯注地去做，更何况是我们普通众生？

行为本身并不能说明自身的性质，而是取决于我们行动时的精神状态。工作是否单调乏味，往往取决于我们做它时的心境。每一件事都值得我们去做，而且应该用心去做。

人生目标贯穿于整个生命，你在工作中所持的态度，会使你与周围的人明显区别开来。日出日落、朝朝暮暮，它们或者使你的思想更开阔，或者使其更狭隘，或者使你的工作变得更高尚，或者使其变得更低俗。

每一件事情对人生都具有十分深刻的意义。你是砖石工或泥瓦匠吗，可曾在砖块和砂浆之中看出诗意？你是图书管理员吗，经过辛勤劳动，在整理书籍的缝隙，是否感觉到自己已经取得了一些进步？你是学校的老师吗，是否对按部就班的教学工作感到厌倦，又或许一见到自己的学生，你就会变得非常有耐心，所有的烦恼都抛到了九霄云外？

如果只从他人的眼光来看待我们的工作，或者仅用世俗的标准来衡量我们的工作，它或许是毫无生气、单调乏味的，没有任何吸引力和价值可言。但如果你抱着一种使命感的心态和学习的态度，工作就会变得很有意义。

这就好比我们从外面观察一个大教堂的窗户。大教堂的窗户布满了灰尘，非常灰暗，光华已逝，只剩下单调和破败的感觉。但是，一旦我们跨过门槛，走进教堂，立刻就可以看见绚烂的色彩、清晰的线条。阳光穿过窗户在奔腾跳跃，形成了一幅美丽的图画。

人们看待问题的方法是有局限性的，我们必须从内部观察才能看到事物真正的本质。有些工作只从表象上看也许索然无味，一旦深入其中，

就可以马上认识到其意义所在。

社会由各行各业所组成，“三教九流，五行八作”，每个行业、每个工种都承担着社会生产的一个重要角色。所谓三百六十行，行行出状元，每个行业在社会整个系统中都有着不可替代的作用。从这个意义上来讲，工作只有种类之分，没有贵贱之别。

扫大街的大妈虽然没什么技术含量，但其重要性可能远胜于一个嘴里整天冒着英文单词的外贸小白领。如果全体环卫大妈集体罢工，那就是一场灾难，因为这足以让一座城市变成垃圾场。可如果全体外贸小白领集体罢工，那顶多也就是一次行业危机罢了。所以从民生角度来讲，生活在城市中的每个人都离不开环卫工人的辛苦工作，小区内一个环卫工人的作用，就远比大款的作用要大。

从宏观来看，社会其实就是一个大系统，系统成员（各行各业）各司其职，各守本分，维持整个系统的正常运转。微缩到一个单位或一个企业，情况同样如此。一个企业中的各部门、各岗位，都是企业得以正常运转的保证，是企业中不可或缺的组成部分。

一个美丽精致的女孩，应聘到了日本东京帝国酒店当服务生。初涉职场的她信心满满，决心要做到最好，绝不让别人轻视自己。然而，现实却给了她当头一棒。不知出于何种目的，上司竟然专门指派她去清洁酒店洗手间，而且要求必须保证每个马桶都光洁如新。

在家里，洗厕所是一种惩罚的手段。在职场，那也是摆不上台面、又脏又累的“下作活儿”。现在居然要让自己去干这个，女孩犹豫了，望着上司那“恶狠狠”的目光，她清楚“光洁如新”意味着什么，更明白自己可能永远都达不到这一要求。可她又有一点点不甘心，不愿意就此放弃，毕竟能进日本最好的酒店不是件容易的事，更何况这还是自己的第一份工作。

犹豫中，一位老员工将她带到洗手间。他没有多说话，只是现场演示如何擦洗。他里里外外，反反复复擦洗着马桶的各个角落，甚至包括人们根本不会注意到的死角，一直到把马桶擦洗到崭新如初，里面的蓄水如富士山下的清泉，能清晰地倒映出人影来。这时，他取来一个杯子，从马桶里舀出一杯水，然后一抬头将杯中水一饮而尽。

言传不如身教,一行胜万言。女孩看了,如醍醐灌顶,一下子就明白了上司的用意。此时,她的信心又再度回来:别人能做到,自己也一定能做到。就算这辈子都洗厕所,她也要把厕所洗得最干净,做最好的洗厕所员工。从此,这个外表娇弱的女孩,如脱胎换骨一般,变得坚定而自信。为了证实自己的工作质量、检验自己的信心,同时更是为了印证自己的职业精神,她也多次勇敢地喝过马桶里的水。

不再轻视任何一项工作,尊重自己的每一份付出,让女孩对所有工作都倾尽全力。多年以后,日本政坛升起了一颗政治女明星——邮政大臣野田圣子,也就是当初那个洗厕所的女孩。熟悉野田的人都清楚,她身上所展现的那种积极进取的工作态度与敬业精神,比其他人更突出,更强烈。她的人生信念中始终有一条:任何工作都值得做好,而且可以做到最好。

很多事情,不是不能,而是不愿。正如野田圣子所坚信的那样,任何工作都值得做好,只要愿意,就能把它做到最好。许多人工作不到位,不是因为工作本身做不到最好,而是因为做的人不愿意把它做到最好,特别是当他自己都瞧不起这份工作时。

一项研究数据显示,一个人的成功,百分之八十五取决于他的职业态度,而只有百分之十五才与个人天赋、智力等先天因素有关。换言之,态度决定了一切。要想成功,如果没有超人的天分,那就必须要有过人的态度。要想成就自己的职业生涯,那就必须有坚定的职业态度——爱岗敬业,爱企如家。绝不轻视自己,绝不小瞧工作。

因此,每一件事都值得我们去做,不要小看自己所做的每一件事,即便是最普通的事,我们也应该全力以赴、尽职尽责地去完成。无论幸运与否,每个人都必须从工作本身去理解工作,将它看做是人生的使命和荣耀。

6 永远保持工作的激情

激情是世界上最有价值的一种感情,也是最具感染力的。一个人从事他所喜爱的工作时,你可以一眼就看出来,他非常投入,其表现出的自发性、创造性、专注和执著都十分明显,而在那些视工作为应付差事、乏味无聊的人那里,是根本看不见这些的。对事业的热情是世界上最大的财富,它的价值远远超过金钱与权势。热情摧毁偏见与敌意,摒弃懒惰,扫除障碍。哈达曼教授指出:“世上许多做得极好的创意,都是在激情的推动下完成的。关键所在,是要把将工作做好的激情保持长久,做到善始善终。”

所以,除了对工作倾注热情外,还要保持对工作的激情不变,这才是员工良好职业道德的体现,也是员工取得成功的关键。

很多时候,你只需换一个角度去思考,就会对自己的工作充满乐趣。发现工作的乐趣,正是保持工作激情的不二法门。下面请看一位老总讲述的故事:

某天一大早,我跳上了一部出租车,要去郊区参加一个重要的会议。正好是中午的高峰时刻,没多久车子就卡在了车阵中,此时前座的司机先生开始不耐烦地叹起气来。我随口和他聊了起来:“最近的生意好吗?”后视镜上的脸垮了下来,声音很无奈:“有什么好的?到处都不景气,你想我们出租车生意会好吗?每天跑十几个小时,也赚不到什么钱,真是气人!”显然,这不是个好话题,那么换一个好了。于是,我接着说:“不过还好你的车很大很宽敞,即便是塞车,也让人觉得很舒服……”他立刻打断了我的话,声音激动起来:“舒服个鬼!不信你来每天坐12个小时看看,看你还会不会觉得舒服?”接着他的话匣子打开了,抱怨政府无能、社会不公、人民无望……

我只能安静地听着，一点儿插嘴的机会也没有。

第二天同一时间，我再次跳上了另一部出租车，要去同一个地方参加会议。然而这一次，得到的却是迥然不同的经验。一上车，一张笑容可掬的脸庞转了过来，伴随的是轻快愉悦的声音："你好，请问要去哪里？"真是难得的亲切，我心中有些奇怪，随即告诉了他目的地。他笑了笑说："好，没问题！"然而走没两步，车子又堵在车阵中动弹不得。

司机先生手握着方向盘，开始轻松地吹起口哨哼起歌来。于是我问他："看来你今天心情很好嘛！"他微笑着露出牙齿："我每天都是这样啊，每天心情都很好。""为什么呢？"我问他，"大家不是都说世道不景气，收入都不理想吗？"司机先生笑着说："没错，我也有家、有小孩要养，所以开车时间也跟着延长了。不过，日子还是很开心的，因为我有一个秘密……"他停顿了一下，才又说："说出来，先生你别笑我，好吗？"他说："我总是换个角度来想事情。比如，我觉得出来开车，其实是客人付钱请我出来玩。像今天一早，我就碰到像你这样花钱请我跟你到郊外玩，还让我客串当司机的人，这不是很好吗？等到了郊外，你去办你的事，我就正好可以顺道欣赏郊外的景色，抽根烟再走啦！像前几天，我载着一对情侣去东湖水库看夕阳，他们下车后，我也下来喝碗鱼丸汤，挤在他们旁边看看夕阳才走。反正来都来了嘛，更何况还有人付钱呢？"

我突然意识到，自己有多幸运，与一位富有激情的司机同车出游，真是棒极了！又能坐车，又开心，这样的服务有多难得，我决定向这位司机先生要电话，以便以后有机会再联系他。接过他名片的同时，他的手机铃声正好响起，有位老客人要去机场——原来喜欢他的不止我一位，相信这位司机的工作态度，不但替他赢得了好心情，也必定给他带来不少生意。

激情带来希望，激情成就梦想，激情让一切都变得不同；拥有了激情就拥有了坚定的信念、行动的动力，就拥有了成功的资本，这种激情可以让你勇往直前，纵横驰骋。

位居美国富豪榜第10位的富翁保罗·盖蒂在总结自己的成功之路时指出："激情成就财富，成功离不开激情。激情是一种精神特质，代表一种积极的精神力量。人人都具有激情，只要善加利用，就能使之转化为巨大的致富能量。"

有激情才能有积极性，没有激情只能产生惰性，而惰性只能使你落伍，业绩不佳则难免要被时代"炒鱿鱼"。内心充满激情，你就会兴奋；你精神振奋，也会鼓舞别人工作，这就是激情的感染力量。

像没有汽车加油站，汽车就不能跑长途一样，激情不加油，也不能维持长久。但拥有良好道德的敬业的员工对工作的激情永远不会干涸，他会疏通情感渠道，从而起到加油站的作用。成功的人其激情发自内心，起于梦想，所以这种激情不会轻易消退，它表现成为一种强大的精神力量，征服自身与环境，持久地散发出魔力，引导他们创造出日新月异的成绩，让他们在激烈的竞争中立于不败之地。

7 珍惜你的工作岗位

由于能力、经验、经济条件等方面的原因，很多人并不能一开始就找到自己心爱的工作，可能你目前干的就是一件你出于权宜之计的工作。但是，只要你手头上有工作，你就要以虔诚的心态对待这份职业，珍惜你的工作，做好你的工作，并且将敬业变成一种良好的习惯，坚持下去。

即使你自命不凡，心中梦想的是更加美好的职业，但是对你手中的职业，一定要以欢快的态度接受，以虔诚和认真的姿态完成，以珍惜的态度对待。不仅要"爱一行，干一行"，还要"干一行，爱一行"。一旦你决定要从事某种职业，或者你已经在从事某种职业，就要立即打起精神，不断地勉励自己、训练自己、控制自己，让自己把全部的精力倾注到工作中去，全神贯注，全心全意，专心致志，目不旁视，热爱自己的工作，珍惜自己的工作，在你的工作中要有坚定的意志、凝重的敬畏，像尊重自己一样尊重自己的工作，而不要管你在做的是一份什么样的工作，因为每一份工作都是那么美好！

老潘，一个普普通通的修脚师傅，但他一干就是一辈子，并且在当地还非常有名气。现在他已经在全市开了五家连锁店。

那年，他大学毕业，像所有刚毕业的大学生一样，想到外面闯出自己的一番事业，当时，他去了被人称为遍地黄金的深圳，但残酷的现实并没能让他如愿以偿，他没有找到适合自己的工作。

起初，为了解决生计问题，他看见路边一修脚店里招小工，于是他便去做修脚小工了。后来，熟悉他的同学听说他在做修脚工，纷纷投来鄙视的目光，最让他伤心的是他的家人也不理解他，但他自己并没有瞧不起自己，他觉得这行业是新行业，将来肯定有市场。于是，他在人们的歧视和不理解中，努力学习修脚技术，并一直兢兢业业地坚持着。

五年后，老潘自己开了一家修脚店，而且生意很好。三年后，老潘又相继开了四家连锁店。

每一份工作其实都是我们走向成功的一次机会，不管这个工作多么普通、多么平凡或是多么不遂人意。只要你懂得珍惜，有一种良好的敬业习惯，那么即使是再普通的工作你也能有所成。珍惜每一个工作机会，在细节中发现工作的价值，也就是找到了自我发展的机会。而一个成功的人是不会放弃任何一个机会的。

30 年前，于志远是一名普通得不能再普通的搓澡工，那时候“保健按摩”行业还停留在原始阶段（如今已是拥有巨大市场的健康产业）。小时候贫困的家境、困窘的生活给他留下了心酸的记忆，成就一番事业的梦想早就在这个年轻人的心中埋下了种子。

刚干这一行的时候，他觉得工作卑微，没什么前途，一度懈怠。有领导看到后跟他说：“你这样可不好，不安心工作。”这样的批评激发了于志远的好胜心,他对自己说:“好吧,我就是要在这个人人看不起的搓澡工的岗位上干出个样儿来。”

从此,他成了浴池最勤快和最用心的工人。他苦练技术,成了技艺精湛的保健按摩师。当时中国保健按摩行业缺乏技术标准,针对这一状况,他还编写了保健按摩的专著,填补了国内空白。就这样,他从身份卑微、一度对前途充满憧憬却也有迷茫的搓澡工成了中国保健按摩职业的开创者、第一套保健按摩手法的创立者、我国保健按摩行业第一版国家行业标准的编写者、《按摩师》教材以及从业资格考试试题的编写者。

现在的于志远已经成功经营起广受欢迎的保健按摩店,并且一直都坚持在一线工作,工作给他满足感也给他成就感,让他觉得日子过得“有分量”,使他能感受到更纯粹、更强烈的“工作乐趣”。

珍惜岗位就是珍惜自己的就业机会,拓展自己的生存和发展空间。有人说,失去的时候才会懂得珍惜,如果你对工作总是漫不经心,“做一天和尚撞一天钟”,不珍惜自己的岗位,到头来损害的不光是企业的利益,自己也会因此丢掉手中的饭碗,到时候后悔恐怕都来不及了。

从前,有两匹马各拉一大车的货物,其中的一匹马走得很好,可是另一匹马常常不好好走,不是停下来歇会儿,就是东张西望慢吞吞的。于是,主人就把慢的那辆车上的货物搬到快的那辆车上去。等到慢的那辆车上的东西全搬完时,那匹马便轻快地前进,它追上那匹快马说:“你看你多辛苦呀,明白吗?你越是努力干,人们越是要折磨你。”最后,等他们把货物运到目的地时,主人说:“既然只用一匹马拉车,那我养两匹马干吗?不如好好地喂一匹马,把另一匹马宰掉,总还能拿张皮吧。”接着主人就这样做了。

寓言总是简短而深刻:人们只有懂得珍惜自己的工作,才能更好地工作。

麦当劳快餐连锁店新总裁查利·贝尔年仅43岁,他是麦当劳的首位澳大利亚老板。当年年仅15岁的贝尔无奈之中走进了一家麦当劳店,他只想打工挣点零用钱,也没有想到以后在这里会有什么前途。他被录用了,工作是打扫厕所。虽然扫厕所的活儿又脏又累,但贝尔却干得踏踏实实。

他是个非常勤劳的孩子,常常是扫完厕所,就擦地板;擦完地板,又去帮着翻正在烘烤中的汉堡包。不管什么事他都认真做。就这样,麦当劳打入澳大利亚餐饮市场时的奠基人彼得·里奇心中暗暗喜欢。没多久,里奇说服贝尔签了“员工培训协议”,把贝尔引向正规职业培训。培训结束后,里奇又把贝尔放在店内各个岗位上。虽然只是做钟点工,但悟性出众的贝尔不负里奇一片苦心,经过几年锻炼,他全面掌握了麦当劳的生产、服务、管理等一系列工作。19 岁那年,贝尔被提升为澳大利亚最年轻的麦当劳店面经理。

当你在寻找自身发展机会的时候,永远不要对自己说:“做这种平凡无味的工作,有什么希望!”请学会在平凡的工作中去坚持做好自己的工作。

你要做的就是,踏踏实实地去做你眼前手中的工作,珍惜、珍惜、再珍惜;敬业、敬业、再敬业!任何时候,不管你做着一份怎样的工作,要时刻记住:要想方设法去做好,想办法比别人做得更好!这是员工良好职业道德的重要方面,也是员工取得成绩的有力保证;有了这样的敬业精神,你难道还担心自己不会成功?

第四章　带着责任上路：责任心是职业道德的核心

有人做过这样的比喻：如果说智慧与能力像金子一样珍贵，那么勇于负责的精神则更难能可贵。确实，责任是员工职业道德中不可缺少的素质之一，而且倘若没有了责任，一个人即使再优秀也难以有用武之地，即使工作一辈子也难有出色的成就。

1

时刻将责任牢记于心

爱默生说："责任具有至高无上的价值，它是一种伟大的品格，在所有价值中它处于最高的位置。"科尔顿也告诉我们："人生中只有一种追求，一种至高无上的追求——就是对责任的追求。"

可以说，责任伴随着每一个人生命的始终。从我们来到人世间一直到我们离开这个世界，我们每时每刻都要履行自己的责任：对家庭的责任，对工作的责任，对社会的责任，对生命的责任。人可以不伟大，也可以清贫，但不可以没有责任心。任何时候，我们都不能放弃肩上的责任。扛着它，就是扛起自己道德的底线，扛起了生命的信念。

1968年，在墨西哥一个漆黑、凉爽的夜晚，来自坦桑尼亚的奥运马拉松选手艾克瓦里疲倦地跑进体育场，他是最后一名到达的选手。颁奖典礼早已结束，观众也已经全部离去，这场比赛实际上也已经结束。艾克瓦里显得很狼狈，他的双腿满是血污，绑着的绷带已经看不出本来的颜色。他还在努力跑完最后一圈，终于，他跑到了终点。

这一切都被远在角落里、享有国际盛誉的纪录片制作人格林斯潘看得一清二楚。在好奇心的驱使下，格林斯潘向艾克瓦里走了过去，问他为什么还要这么努力地坚持跑至终点。这位来自坦桑尼亚的年轻人轻声回答道："我的国家从两万多公里之外送我来到这里，不是叫我在这场比赛中起跑的，而是派我来完成这场比赛的。"

社会学家戴维斯说:“放弃了自己对社会的责任,就意味着放弃了自身在这个社会中更好生存的机会。”同样,一个员工放弃了对公司的责任,也就放弃了在公司中获得更好发展的机会。放弃承担责任,或者蔑视自身的责任,就等于在自由通行的路上自设障碍,最终摔跤跌倒的也只能是自己。

作为公司里的一名员工,面对你的职业,你的工作岗位,时刻不要忘记你的责任,因为工作呼唤责任,工作意味着责任。管理学家认为,责任首先是员工的一份工作宣言。在这份工作宣言里,你首先表明的是你的工作态度:你要以高度的责任感对待你的工作,不懈怠你的工作,对于工作中出现的问题能敢于承担。这是保证你的任务能够有效完成的基本条件。

对于企业来说,正是因为有了责任感,员工才能尽职地做好各项工作,才能保证企业的发展,提高企业的凝聚力和竞争力。可以说,员工没有责任感,企业就不能成为一个企业,员工的责任感在很大程度上能够决定一个企业的命运。而员工责任感的匮乏,也往往会成为一个企业运营不善的直接原因。因此,任何一个老板都非常注重员工的责任感。

只有那些勇于担当责任的员工,才可能被赋予更多的使命,在企业中担当重任,也才有资格获得更多的报酬和更大的荣誉。一个人的职位越高,权力越大,他所肩负的责任也就越重。

责任贯穿一个人的一生,它与生命同在,它就像血液一样溶入你的身体里,即使你不想承担,也无法将它与你分开。所以,无论你为人父母,还是为人儿女,还是为人员工,每个人都要用最佳的态度对待自己肩负的责任,才能对得起自己头上的这个称呼,也才能把自己的角色做到完美。

徐虎1975年进入中山北路房管所,当上了一名水电养护工。在从事养护工作的岁月里,他背着他的修理箱起早贪黑地走街串户。很多人都是下班回家后叫他去修理,但只要大家有需要,总能在第一时间找到徐虎,他的勤恳付出赢得了人们的赞扬,被大家誉为“晚上7点钟的太阳”。

完成好每一件工作,不为自己的工作丢人,尽量让每一个客户满意,是他心中最简单质朴的想法。而正是这种服务意识,使他成为学习的典型。全国很多媒体都对他进行了集中报道,《人民日报》、《光明日报》等都将他作为“敬岗爱业、奉献社会”的劳模典型在全国进行宣传，徐虎由此闻名全国。大家记住了“徐虎信箱”，记住了“辛苦我一人，方便千万家”的承诺。

徐虎并没有满足这些荣誉，多年在物业第一线服务的他知道，仅仅凭个人的力量从局部来为人民服务，应对庞大的社会需求那无疑是杯水车薪的事情，只有从根本上进行改变，找到症结所在，才能够让更多的人不用花那么大的精力和劳动也能享受到同样的优质生活。

徐虎在思索中不断升华，不断进行深层次的探索。他把自己在物业管理中的体会，不断总结归纳，上升到理论高度。他在《城市开发》、《解放日报》、《上海房产》、《中国房产信息》等报刊陆续发表了《浅谈物业管理将走入大盘时代和相应准备》、《浅议促进物管发展的对策》、《提升现代物管品牌新内涵》等多篇重量级文章。这些物业管理论文给我国新兴的物业管理专业提供了非常宝贵的资料和经验。

现在的徐虎已经成为上海西部企业集团物业总监，三次被评为全国劳动模范。尽职尽责的服务意识和扎实的工作为徐虎奠定了成功的基石，他也因此从平凡的工人成为行业内的专家，他积累了经验和信誉，并开创了自己的事业。

责任是什么？责任就是一个人必须承受的义务和必须担负的职责。责任是一种使命，一种义务，一种义不容辞必须担负的道义。

责任就是做好社会赋予你的任何有意义的事情。我们的家庭需要责任，因为责任让家庭充满爱；我们的社会需要责任，因为责任能够让社会快速、稳健地发展；我们的企业需要责任，因为责任让企业更有凝聚力、战斗力和竞争力。

在很多人眼中，当税务督察的工作可是一个肥缺，作为国家公职人员，旱涝保收从来不缺油水，别人还都要看自己的脸色。但事实是这样的吗？

江苏泰兴市地税稽查局女稽查员叶清的工作和生活和人们想象的相去甚远。从这个职位中，她感受到的更多是那份沉甸甸的责任。

早在1999年之前,饮食服务业一直根据开具发票金额结算税款,漏征漏管现象严重。叶清所在的分局下达了实施定额管理的任务,这就意味着叶清不但要让每个业主转变观念接受定额管理,还要在很短的时间内完成各项材料的更新填报,换句话说就是“又苦又受气”。

家人劝她:“你就跟领导讲讲困难,要求换个岗位,一个女同志,干这个又苦又累还要受气的工作,不合适。”这番话是人之常情,但是好强的叶清却固执地说:“我选择了这份工作,就不会在乎这个,要怕苦怕累,我就不干了。”

叶清走街串巷,挨家挨户向纳税户宣传新规定。她甚至为了在吃饭时间“堵”到那些饭店老板,常常饿着肚子“出征”,而且绝对不接受宴请。

苦和累叶清都能忍受,但纳税人对定额管理不理解、不配合的不满情绪是让叶清最难受的。曾经有个快餐店老板因为定额管理比以前按发票核算税额高,在办公室指着她的鼻子破口大骂。虽然当时眼泪在眼里转了几圈儿,但叶清还是用她刚柔并济的敬业、真诚与宽容,融化了纳税人心中的“冰疙瘩”。人心都是肉长的,叶清的真心和努力得到了回报。几年中叶清分管的行业欠税是零,入库率是100%。

工作就意味着责任。每一个职位所规定的工作内容就是一份责任。我们常常认为只要准时上班,按时下班,不迟到,不早退就是负责任了,就可以心安理得地去领工资了。其实,尽职尽责所需要的工作态度是非常严格的。一个人不论从事何种职业,都应该有强烈的责任感,敬重自己的工作,在工作中表现出忠于职守、尽心尽责的态度,因为负责是员工职业道德的守护者。

2

敷衍工作只会害了自己

在日常生活中，有很多员工，特别是自感有点资历的老员工，因为对工作熟练，不自觉就养成了马马虎虎、轻视工作的习惯，以及对手头工作敷衍了事的态度。殊不知，这样会使其一生处于社会底层，不能出人头地，因为敷衍工作最后只会害了自己。

认真工作最大的受益者是自己，这不仅是对员工职业道德的规范，也是员工得到公司重用、赢得升迁和加薪机会的保证。反之，敷衍工作，最大的受害者也是自己，工作懒散、敷衍了事不可能创造什么业绩，最终得到的只能是公司的解聘通知。

可惜的是，很多员工却不明白被公司重用是建立在认真完成工作的基础上的。他们不知道反省自己的工作态度，整天应付工作，时常还发出这样的言论："何必那么认真呢""说得过去就行了""应付应付，能交差就不错了"。结果，他们失去了工作的激情，不能投入全部的精力，自然也不可能做出什么斐然的成绩。最终，只能是聪明反被聪明误，也失去了更好的发展机会。

在职场中，只有认真负责地工作才是真的聪明。职场中得到晋升的员工往往是那些工作认真负责，真正将全部精力都投入工作的人。那些糊弄工作、应付了事的人似乎忘记了"今天工作不努力，明天努力找工作"，敷衍工作其实就是敷衍你自己。

陈峰对时间总是踩得很准，八点半上班，他绝对不会在八点二十五分到。这天早晨，闹钟响了好几遍，他才挣扎着从床上爬起来，洗漱一下，饭也顾不得吃就急忙向公司赶去。紧赶慢赶，总算是准点进了办公室。会议室里，他心不在焉地听着销售主管布置任务，神情似乎还有些恍惚……唉！痛苦的一天又要开

始了。

会议结束后,准备好资料,要去拜访客户了。肚子有点饿,先去吃点早点。终于,上午的客户拜访开始了。因为拜访计划还没有制订,先随便找几家好了。结果,又是和昨天一样遭到冷遇和拒绝,心情真是不好啊。下午下班前还要回到公司填写工作报表,算了,随便凑得几笔交差应付一下吧……这一天总算结束了。

周末,开总结会议,讨论一下这周客户拜访情况及存在的一些问题。陈峰对自己的市场简单作了一下分析,之后别人的经验总结他也没仔细听,心早已跑到明天要去哪儿消遣上去了。

月底了,要发工资了,陈峰兴奋起来。打开工资袋一看,才那么一点,真没意思,这么少的工资怎么可能还要我努力工作呢?

就这样,晃晃悠悠半年过去了,工作一直也没什么变化。这天,销售部经理找他谈话,因为他的销售业绩一直没什么进展,看究竟存在什么问题。陈峰对此的解释是,公司的产品价格太高,也没什么优势可言,而那些客户又太挑剔,实在太不好侍候。经理让他谈一下其他公司产品的优势时,他又具体说不出什么,对此,经理很不满意,对他下了最后通牒:要么拿出业绩,要么走人!

陈峰很斗气地把老板炒了,又换了一家公司。可一切似乎没什么改变,两年时间里,他接连换了四五家公司,最终还是落了个一事无成。

每个企业里都有像陈峰这样的员工:他们每天按时打卡,准时出现在办公室里;看上去也是忙忙碌碌,挺守规矩,可实际上对于工作却总是不能及时完成;他们不愿意花费时间去研究公司的产品和竞争对手的产品,也不去分析遭到客户拒绝的原因;对于自己的工作目标更是没有明确的计划,每天只是混一天算一天,应付了事。像这样敷衍工作的员工又怎么会有什么成就呢?

对待工作,是充满责任感、尽自己最大的努力,还是敷衍了事,这一点正是事业成功者和事业失败者的分水岭。事业有成者无论做什么,都力求尽心尽责,丝毫不会放松,无论从事什么职业,都不会轻率疏忽。

有句格言说:“轻率与疏忽所造成的祸患不相上下。”有许多人之所以失败,就是败在做事轻率这一点上。

曾有一家服装厂的一名业务员为单位订购一批羊皮,合同条款本应是“每张大于4平方尺。有疤痕的不要”。然而这名业务员粗心大意,把句号写成了顿号,成了“每张大于4平方尺、有疤痕的不要。”结果这句话的意思变成了“每张大于4平方尺的不要、有疤痕的不要”。该供货商钻了空子,发来的羊皮都是小于4平方尺的,使服装厂哑巴吃黄连,有苦说不出,损失惨重。

旧金山一位商人给一个萨克拉门托的商人发电报报价:“一万吨大麦,每吨400美元。价格高不高?买不买?”萨克拉门托的那个商人原意是要说“不,太高”,可是电报里却漏了一个逗号,就成了“不太高”。结果这一下就使他损失了几十万美元。

职场中容不得半点疏忽和不负责任。作为一名员工,自己应该做的事情一定要保质保量地完成。不要以为自己不做自会有人来做,也不要以为自己不负责不会被人发现,不会对企业有什么影响。

喜欢敷衍的人们必须明白,“天上不会掉馅饼”,即使侥幸占过那么一两次小便宜,但长此以往必然害了自己。因为敷衍的工作必然有漏洞——既使你觉得自己执行得很好,可你能保证一点失误都没有吗?

没有人会欣赏敷衍了事的人,不论是上司、同事,还是下属。敷衍甚至比不忠诚、不勇敢更有杀伤力,因为它直接影响一个人的灵魂,损害人的责任感,损害人的敬业意识和诚实精神,而这些正是一个人立足职场并做出成绩的基础和保障。

敷衍工作就是敷衍自己。许多人之所以一生一事无成,就是因为在他的思想和认识中,缺乏对勇于负责这种精神的理解和掌握。他们常常以自由享乐、消极散漫、不负责任、不受约束的态度对待自己的工作和生活,最后,却不得不沦落为生活的失败者。

3

拒绝借口,你会走得更远

“没有任何借口”是美国西点军校200年来奉行的最重要的行为准则,是西点军校传授给每一位新生的第一理念。当学员遇到军官问话时,只能有四种回答:“报告长官,是”“报告长官,不是”、“报告长官,不知道”、“报告长官,没有任何借口”。除此以外,不能多说一个字。它强化的是每一位学员要想尽办法完成任何一项任务,而不是为没有完成的任务寻找借口,哪怕是看似合理的借口。

秉承这一理念,无数西点毕业生在人生的各个领域取得了非凡的成就。西点军校认为,一个人要成为一个好军人,就必须遵守纪律,有自尊心,对于他的部队和国家感到自豪,对于他的同志们和上级有高度的责任感和义务感,对于自己表现出的能力有绝对的白信。

“没有任何借口”在企业中同样值得大力推广,它对提高企业业绩无疑是一剂强心剂。对每个员工来说,如果贯彻这个理念,无疑会在工作中取得很大突破。这不仅是对员工职业道德的一种要求,更重要的是,员工还能够从中获得一种全新的工作理念,督促自己走向职业生涯的顶点。

一位长期在公司底层挣扎,时刻面临着失业危险的中年人来到老陈的办公室。他讲话时神情激昂,抱怨公司老板不愿意给他机会。

“你为什么不自己去争取呢?”老陈问他。

“我曾经也争取过,但是我不认为那是一种机会。”他依然义愤填膺。

“能告诉我那是什么吗?”

“前些日子,公司派我去海外营业部,但是我觉得像我这样的年纪,怎么能经受如此折腾呢?”

“为什么你认为这是一种折腾，而不是一次机会呢？”

“难道你看不出来吗？公司本部有那么多职位，却让我去如此遥远的地方。我有心脏病，这一点公司所有人都知道。”

老陈无法确认是否公司所有人都知道这位先生有心脏病，如果是的话，老陈希望他肝火不要那么旺，但老陈更倾向于认为他犯了一种严重的职业病——推诿病。

与之截然相反的是体育界翘楚罗杰·布莱克。他的杰出并不全部在于他非凡的令人瞩目的竞技成绩——他曾经获得奥林匹克运动会400米银牌和世界锦标赛400米接力赛金牌。更让人心生触动的是，所有的成绩都是在他患有心脏病的情况下取得的。

除了家人、亲密的朋友和主治医生等仅有的几个人知道他的病情外，罗杰没有向外界公布任何消息。带着心脏病从事这种大运动量的竞技项目，不仅很难有出色的发挥，而且有可能危及生命。第一次获得银牌后，罗杰对自己依然不满意。如果他告诉人们自己真实的身体状况，即使在运动生涯中半途而废，他也会获得人们的理解。但是罗杰却说：“我不想小题大做。即使我失败了，也不想将疾病当成自己的借口。”作为世界级的运动员，罗杰的这种精神一直贯穿于其整个职业生涯中。

千万别找借口！成功者不善于也不需要编制任何借口，因为他们能为自己的行为和目标负责，也能享受自己努力的成果。在他们身上，体现出的是一种服从、诚实的态度，一种负责、敬业的精神。

借口总是在人们的耳旁窃窃私语，告诉自己因为某种原因而不能做某事，久而久之我们甚至会潜意识地认为这是“理智的声音”。

习惯性的拖延者通常也是制造借口与托词的专家。如果你存心拖延、逃避，你就能找出成千上万个理由来辩解为什么事情无法完成，而对为什么事情应该完成的理由却想得少之又少。事实上把事情“太困难、太无头绪、太花时间”种种理由合理化，的确要比相信“只要我们够努力、够勤奋就能完成任何事”的念头容易得多。

如果你发现自己经常为没做某些事而制造借口，或想出千百个理由为事情未能按计划实施而辩解，那么，你最好还是自我反省一番。一个人在面临挑战时，总会为自己未能实现某种目标找出无数理由。正确的做

法是,抛弃所有的借口,找出解决问题的方法。

“拒绝借口”应该成为所有企业奉行的最重要的行为准则,它强调的是每一个员工想尽一切办法去完成每一项任务,而不是为没有完成任务去寻找任何借口,哪怕看似合理的借口。其目的是让员工学会适应压力,培养他们不达目的不罢休的毅力,让他们懂得:工作中是没有任何借口的,失败是没有任何借口的,人生也是没有任何借口的。

实际上,能“戒”才能获得更大的自由。比如抽烟上瘾,烟瘾此时就是你的镣铐,不抽不行,你被烟瘾所控制,不得自由。只有戒掉烟,你才能砸烂束缚你的镣铐,实现真正的随心所欲、自由自在。同样,你只有“戒”掉借口,出色地完成任务,你才能培养良好的职业道德,才能在公司中获得你梦想的职位。别再做那些无谓的解释了,赶紧开始手中的工作才是你该做的!

4 视服从命令为天职

服从上司的命令是每名员工都必须培养的一种职业道德。因此在意志训练方面,很多人都推崇西点军校的那套方法。比如,军官向学员下达指令时,学员必须重复一遍军官的指令,然后军官问道:“有什么问题吗?”学员通常的回答只能是:“没有,长官。”学员的回答就是作出承诺,就是接受了军官赋予自己的责任和使命。

就连站军姿、行军礼等千篇一律的训练,都无一不是在培养学员的意志力、责任心和自制力。在这样的训练中,西点军校的文化慢慢渗透到了每一个学员的思想深处。它无时无刻不在激励着你,让你总是具有饱满的热情和旺盛的斗志。

当你具有强烈的纪律意识，在不允许妥协的地方绝不妥协，在不需要借口时绝不找任何借口时，比如质量问题、对工作的态度等，你会猛然发现，工作因此会有一个崭新的局面。正如伟大的巴顿将军所说：

“我们不可能等到2018年再开始训练纪律性，因为德国人早就这样做了。你必须做个聪明人：动作迅速、精神饱满、自觉遵守纪律，这样才不至于在战争到来的前几天为生死而忧心忡忡。你不该在思虑后去行动，而是应该尽可能地先行动，再思考——在战争后思考。只有纪律才能使你所有的努力、所有的爱国之心不致白费。没有纪律就没有英雄，你会毫无意义地死去。有了纪律，你们才真正地不可抵挡。”

乔治·福蒂在《乔治·巴顿的集团军》中写道：“1943年3月6日，巴顿临危受命为第二军军长。他带着严格的铁的纪律驱赶第二军，就像‘摩西从阿拉特山上下来’一样，他开着汽车转到各个部队，深入营区，每到一个部队都要啰啰唆唆训话，诸如领带、护腿、钢盔和随身武器及每天刮胡须之类的细则都要严格执行。巴顿由此可能成为美国历史上最不受欢迎的指挥官，但是第二军发生了变化，它不由自主地变成了一支顽强、具有荣誉感和战斗力的部队……”

巴顿可以说是美国历史上个性最强的四星上将，但他在纪律问题上，对上司的服从上，态度毫不含糊。他深知，军队的纪律比什么都重要，军人的服从意识是职业的客观要求。他认为：“纪律是保持部队战斗力的重要因素，也是士兵们发挥最大潜力的基本保障。所以，纪律应该是根深蒂固的，它甚至比战斗的激烈程度和死亡的可怕性质还要强烈。”

巴顿如此认识纪律，如此执行纪律，并要求部属也必须如此，这是他成就事业的重要原因之一。被人认为有些粗鲁的巴顿并不是强硬的命令者。他从不满足于运筹帷幄和发号施令，他经常深入基层和前线考察，听取部属意见，而且身先士卒，让部队感受到统帅就在他们中间，从而愿意听从他的命令，愿意服从他的指挥。

西点人认为，军人职业必须以服从为第一要义，学不会服从.不养成服从观念，就不能在军队中立足。我们从中不难看出“绝对服从”在西点人的观念中是一种美德。

1945年6月30日，在准备装入“201档案”的巴顿将军工作能力的报告时，布雷德利将军给巴顿写了一个不同寻常而又合情合理的评语：“他

总是乐于并且全力支持上级的计划,而不管他自己对这些计划的看法如何。”

西点的每一分子,对于个人的权威止于何处,团体的权威始于何处,都有着清楚的认识。对西点人来讲,服从于当权者是百分之百正确的。因为他们认为,西点军校所造就的人才是从事战争的人,这种人要执行作战命令,要带领士兵向设有坚固防御的敌人进攻,没有服从就不会有胜利。

威廉·拉尼德对此作了非常生动的描述:“上司的命令,好似大炮发射出的炮弹,在命令面前你无理可言,必须绝对服从。”一位西点上校讲得更为精彩:“我们不过是枪里的一颗子弹,枪就是美国整个社会,枪的扳机由总统和国会来扣动,是他们发射我们。”

曾有人说,黑格将军之所以被尼克松看中,就是因为他的服从精神和严守纪律的品格:需要他发表意见的时候,他坦而言之,尽其所能;对于上司已经作出了决定的事情,他坚决服从,努力执行,绝不表现自己的小聪明。

商场如战场。服从的观念在企业界同样适用,每一个员工都必须服从上司的安排,就如同每一个军人都必须服从上级的指挥一样。大到一个国家、军队,小到一个企业、部门,其成败在很大程度上取决于其成员是否完美地贯彻了服从的观念。

对企业和员工而言,敬业、服从、协作等精神永远被列在第一位。但这些品质不是员工与生俱来的,不会有谁是天生不找任何借口的好员工。所以,企业给员工进行培训和灌输就显得尤为重要,就像西点不断要求学员的着装和仪表一样,最后让所有员工明白,“纪律只有一种,这就是完善的纪律。假如你不执行和维护纪律,你就是潜在的杀人犯。”

服从是行动的第一步,处在服从者的位置上,就要严格遵照指示做事。服从的人必须暂时放弃个人的独立自主,全心全意地坚守和履行所属机构的价值观念。在一个团队中,如果下属不能无条件地服从上司的命令,那么在达成共同目标时,就可能产生障碍;反之,则能发挥出超强的执行能力,使团队胜人一筹。

当然,西点的训诫和要求是从军事指挥的角度来制定的,将其运用于企业时不能机械地完全照搬。而且,并不是所有上司的指令都正确,上司也会犯错误。但是,一个高效的企业必须有良好的服从观念,一个优秀的员工也必须有服从意识。因为上司的地位、责任使他有权发号施令,同时上司的权威、整体的利益,不允许部属抗令而行。

曾有一位著名的田径教练,每当有新运动员入队时,他下达的第一个命令就是要求新队员把头发剪短。他的理由就是:问题并不在于头发的长短,而在于他是否服从教练。可见,纵然不懂教练的意图,但不找借口地服从命令才是教练所期望的好选手。同样,不找借口地服从并执行上司的指令,是员工职业道德的要求,也是企业真正期望的好员工。

5 把认真作为工作的第一信条

认真,就是做任何事情都严谨细致,一丝不苟,决不懈怠。纵观古今中外,无论大事小事,要想做得成莫不需要认真。拥有良好职业道德的优秀员工明白这个道理,因而他们工作起来总是把认真放在第一位,总是把认真当成自己工作的第一信条。

认真,是立身做人的基础。真乃诚之基,诚乃政之本,言无信不立。一个诚实守信的人,必然是一个凡事决不马虎的人。一个人事事认真,待人接物诚实守信,就能够成为一个受人尊重、值得信赖的人。一个人在学习上严肃认真,就会孜孜不倦、一丝不苟、刻苦钻研、以求精通。一个人对待工作严肃认真,就会敬业爱岗、兢兢业业、精益求精。如此,才能有所作为、有所贡献。

朴春生是锦西炼化的机泵维护专家,他爱“较真儿”也是出了名的,无论是多小的零件或多小的问题,他都得研究个透,设备运转和工作制度,都要一丝不苟地执行。

厂里蒸馏装置的机泵90%以上都在高温状态下运行,机泵冷却系统的橡胶密封圈在高温下极易老化而失去密封作用。因此,经常会出现泵盖冷却水泄漏问题。要进行修复,就必须对设备全部解体,可机泵大多数都使用波纹管密封技术,每次检修都要更换波纹管密封件。这对朴春生而言是个心病——他不能允许这样的瑕疵存在。

经过反复研究,朴春生提出把泵盖做改动,用耐热巴金垫替换橡胶圈。机泵厂家的专业设计人员拿到朴春生的改动方案后,惊奇地说:"你们锦西炼化真是有高人,这个设计完全可以报专利。"

按照朴春生的设计,厂家生产的新泵很好地解决了冷却水泄漏的问题。可新的问题又来了,如果全部更换新泵,那企业花的钱将不是几万、几十万元的小数目。朴春生再次挑起重任,很快,他又拿出在原泵盖上进行改造的方案。他先把泵盖进行堆焊,然后再进行车削加工,这种改造既经济又实用,很快就应用到同类型的所有机泵上。

朴春生对设备有严谨细致的管理办法。他把每个装置的设备都做了一本账,每台设备都设了一张卡,通过这一账一卡随时就能查出每台机泵的修理次数和故障原因,有了这个"病历",维修人员很容易就能对症施治。

对设备如此,对人也一样。朴春生当了维修一班班长后,他的较真劲儿又用到了班组管理上。他接手这个班的时候正是企业重组改制初期,班组成员大都是20多岁、思想活跃的年轻人,维护经验少,维护水平低就成了这个班组最大的难题。

朴春生打出的第一拳是加强劳动纪律。他推出10条规定和经济考核细则,以身作则,对违反纪律的班员该罚多少就罚多少,一点也不手软,一点也不讲情面。第二拳是实行工时制,改变过去干多干少一个样的局面,充分体现多劳多得的分配原则。在维修车间实行工时制,朴春生可算是锦西炼化第一人。第三拳是强化学习制度,建立学习室,只要有时间,就给班员灌输业务知识。工作中,有意给年轻人压担子,逼着年轻人多学技术。三拳打出,班组的工作效率、整体素质和设备维护水平有了很大提高，维修一班成了维修车间最过硬的班组。

朴春生说："干什么事都得有个认真劲儿，认真做了才会有收益。"就是凭这股较真劲儿，他自己连同所带领的团队凭着严谨细致的作风出色地完成了一个又一个任务，他本人也成了全国劳模，多次被评为锦西炼化优秀党员。

锤炼认真的品格，首先要解决好"认"的问题，即提高认知事物的能力。遇到问题，事无论大小，都要把事物的本来面目及内在规律搞清楚，决不能凭主观意志和想当然办事情。锤炼认真品格的过程，也是提高自身认知能力的过程。而实现这一过程的唯一途径，就是加强学习研究，注重实践锻炼，干一行、爱一行、钻一行，最大限度地获取直接经验和间接经验，努力成为本行业、本专业的行家里手。理论根底厚实了，眼界开阔了，辩证思维能力增强了，看问题、办事情的立足点才会高，干工作才会得心应手。

锤炼认真的品格，要解决好"真"的问题，就是要树立深入扎实的作风。认真，体现在对真理的坚定不移、对工作的一丝不苟、对细节的精确把握上。从点滴做起，从小处严起，把工作当做事业干，这样才不会心浮气躁、不求甚解，才能够兢兢业业、精益求精。深入一线，沉到底层搞调研才能掌握真情实况，切实掌握大量的、准确的第一手材料；甘于寂寞，甘做无名英雄，不为名缰利锁困扰，排除各种干扰，抵制各种诱惑，才能在最底层蹲得住。只有肯下苦工夫、实工夫，才能不断夯实认真的"底气"。

认真，难在始终，贵在经常。一时认真并不难，难的是一辈子认真。凡事认真才能出成绩、出实效，工作不认真，大而化之，也许可以省心省事，但"省"不了矛盾，工作上不去还容易出问题，一旦出了问题必然加倍费心费事。

认真本身就是一种艰苦奋斗，需要付出持之以恒、不怕反复的艰辛努力，需要有锲而不舍、常抓不懈的恒心和毅力，需要有不抓到底不回头、不解决问题不撒手、不达目的不罢休的韧劲和魄力。认真的程度决定成就的大小，要想成就事业，就要把"认真"作为座右铭。只有当认真成为习惯时，才会把平凡简单的事情做到极致，把棘手的难题破解开来，进而走向成功。

6 坚守职位，绝不脱岗离岗

《福布斯》杂志的创始人福布斯曾说："做一个一流的货车司机比做一个不入流的经理更为光荣，更有满足感。"没有不重要的工作，只有看不起工作的人。只有以职业为使命，才能够在平凡的岗位上干出一番事业来。拥有良好职业道德的员工懂得：热爱自己的岗位，坚守岗位使命，岗位才会因此而神圣且富有意义。

在很多人看来，要成就一番事业，应该有高起点、高平台，如果岗位一般、环境不佳，那就很难有什么大成就。但许许多多劳模都身体力行地告诉我们：平凡的岗位上可以取得卓著的成绩，平凡的事务中也可以孕育出不凡的作为。

> 教玉章就是一个在很多人认为普通的岗位上干出名堂的人。他是辽宁省沈阳北站地区环境卫生管理所的管理员，其实就是打扫厕所，这个在很多人都看不起的工作岗位，如何能干出名堂？但教玉章却做到了。
>
> 1997年，沈阳市实行公厕管理改革，将公厕承包给个人。教玉章也承包了一处临街公厕。当时才34岁、身高1.85米的教玉章实在是难以适应。刚开始，教玉章打扫厕所都是趁着没人时，干完就急忙躲起来，生怕被熟人撞上。
>
> 不过教玉章确实是个本分勤快且有公益心的人。无论谁不小心落下了什么东西，他都会好好地保管起来，等人来认领。很多人通过留言或写信的方式感谢他，久而久之，教玉章越发深切地感受到：打扫厕所的事看着简单普通，但用心思干也能得到别人的由衷尊敬，并能为人们提供许多便利和帮助。于是，他在公厕休息室写下了八个大字："帮助别人，快乐自己。"

教玉章常年预备有打气筒、修自行车工具、针线包、小药箱、婴儿车、雨伞等一系列生活中用得着的小东西，方便所有来如厕或就近寻求帮助的人；他还给大家提供最新的报纸和杂志，并利用互联网、报刊和各种书籍摘出了一个知识园地，将一些四季常见病、多发病防治常识登出来，甚至还会介绍全世界的公厕知识、公厕文化。

2003 年，教玉章在沈河区城建局的支持下，绘制出沈阳市第一张标有沈河区 42 所公厕的《导厕图》。他在人大会上提出了《公厕拆迁时应预留公厕新址并适时重建》、《公厕路引标识应统一规范》等提案。2006 年，在教玉章的努力下，市民开始可以通过“电话 114”、“160 信息台”、“短信 114”三种方式查询公厕的位置了。之后，他又将市内 5 区主要街道的 220 个水洗公厕位置制作成图，有 3 家电信部门将其变成电子版《导厕图》；他还专门为聋哑人设计了发短信找厕所的办法……

只要你对自己的工作发自内心的热爱，即使是在平凡的岗位上也一样可以贡献自己的光和热，去推动自己在个人职业生涯中做出优异成绩。选择积极的心态，用你的智慧，加上坚持不懈的付出，脚踏实地地干好工作，也许有一天，你会发现现在的岗位正是你飞向梦想的跳板，是垫起你人生高度的基石。所以，千万不要因为身处平凡的岗位或是普通的工作而减少了对工作的热爱，削弱了进取向上的精神，慢下甚至停下成功的脚步。

工作没有高低，岗位没有好坏，不管身处什么样的工作岗位，只要你坚守自己的岗位，一样可以在自己的事业中闪光。

重庆煤炭集团永荣电厂的罗国洲，是一名有 30 年工龄的普通而不平凡的员工，他从烧锅炉到司炉长、班长、大班长，至今他仍深情地爱着陪伴他成长并成熟的锅炉运行岗位。就是在这个岗位上他当上了锅炉技师，成为国内远近闻名的“锅炉点火大王”和锅炉“找漏高手”；就是这个岗位，让他感受到了一名工人技师的荣耀和自豪。

罗国洲有一副听漏的“神耳”，只要围着锅炉转上一圈，就能在炉内的风声、水声、燃烧声和其他声音中，准确地听出锅炉受

热面是哪个部位管子有泄漏声;往表盘前一坐就能在各种参数的细微变化中,准确判断出哪个部位有泄漏点。

除了找漏,罗国洲还练就了一手锅炉点火、锅炉燃烧调整的绝活。在用火、压火、配风、启停等多方面,他都有独到见解。锅炉飞灰回燃不畅,他提出技术改造和加强投运管理建议,实施后使飞灰含碳量平均降低到8%以下,锅炉热效率提高了4%,为企业年节约32万元。针对锅炉传统运行除灰方式存在的问题,罗国洲提出"恒料层"运行,经实施,解决了负荷大起大落的问题,使标煤耗下降0.4克/千瓦时,年节约200多万元。

罗国洲学历不高,工种一般,职务很低,但他却成为社会公认的技术能手和创新能手,赢得了无数的荣誉和全社会的尊重。

其实我们要意识到,自己手头的平凡工作就是一块肥沃的田地,只要好好耕耘,为自己的未来,为自己的人生,踏踏实实做好每一件事,就能得到应有的回报。

舍弃华而不实的瑰丽外壳,抛掉异想天开的白日梦,改变眼高手低的习惯,将明天的幸福寄托于今天脚踏实地的努力之上,这才是一个渴望成功也最终能够成功的人的工作态度,运气往往为这样的人而准备。

从今天开始,从手上的琐事开始。把自己的工作当事业干起来吧,想想现在所付出的每一分努力都是为了将来的成就,就会从内心深处感受到源源不断的动力,从而把自己的工作当事业来做,把岗位当做实现自己人生价值的大舞台来对待。不管是谁,只要有这样的态度,即使是最平凡的工作也能做出最不平凡的业绩。

然而,倘若一味地玩忽职守,缺岗脱岗,则不仅会给别人、给公司带来危害,也会对自己造成伤害。

克里·乔尼是一位火车后厢的制动员,他聪明、和善,常常面带微笑,因而受到乘客的欢迎。

一天晚上,一场暴风雨不期而至,火车晚点了。克里抱怨着,这场暴风雨不得不使他在寒冷的冬夜里加班。就在他考虑用什么样的办法才回避夜间加班时,另一个车厢里的列车长和工程师对这场暴风雨警惕了起来。

这时,两个车站间,有一列火车发动机的气缸盖被风吹掉了，火车不得不临时停车，而另外一辆快速列车又不得不拐道，几分钟后要从这一条铁轨上驶过。列车长赶紧跑过来命令他拿着红灯到后面去。克里·乔尼心里想，后车厢还有一名工程师和助理制动员在那儿守着，就笑着对列车长说："不用那么急，后面有人在守着。"列车长一脸严肃地说："一分钟也不能等，那列火车马上就要来了。"

"好的！"克里·乔尼微笑着说。列车长听完了他的答复后又匆匆忙忙向前部的发动机房跑去。但是，克里·乔尼没有立刻就走，他认为后车厢里有一位工程师和一名助理制动员在那儿替他扛着这个工作，自己干吗冒着严寒，那么快跑到后车厢去。他停下来喝了几口酒，驱了驱寒气，这才吹着口哨，慢悠悠地向后车厢走去。

他刚走到离车厢10多米的地方，就发现工程师和那位助理制动员根本不在里面，他们已经被列车长调到前面的车厢去处理另一个问题了。他加快速度向前跑去，但是，一切都晚了。在这可怕的时刻，那辆快速列车的车头撞到了自己所在的这列火车上，受伤乘客的嘶喊声与蒸汽泄漏的哧哧声混杂在了一起。

当人们去找克里·乔尼时，他已经消失了。第二天，人们在一个谷仓中发现了他。此时，他已经神志不清，嘴里还喃喃说着："啊，我本应该……"他被送回了家，随后又被关进了精神病院。

这就是玩忽职守的惩罚。责任存在于工作的每一个岗位，责任存在于生活的每时每刻。放弃了自己对岗位的责任，就意味着放弃了自己在这个社会中更好生存的机会。

参天大树的挺拔耸立、枝繁叶茂，正是来源于根的"坚守职责"；凌云高楼的巍峨壮观、气势撼人，正是来自基石默默无语的"坚定不移"；刚强的柱石支撑起百年不倒的大桥，坚韧的钢轨支撑了呼呼奔驰的列车，社会的安定、民族的振兴、企业的兴盛，正是每一位普通员工坚守职责，认真工作的结果！

在这个经济飞速发展的年代，似乎人们的精神在浊化，人格在矮化，世界在俗化。在这样的环境里，有时人难免会感到有些落寞与苍凉，此时

坚守好自己的职责并非易事。假如你坚守住了自己的岗位职责，就是守住了你的职业道德，守住了你的尊严，守住了一颗无愧于天地的心，也守住了整个社会给你的一切荣光。

7

勇于负责，让自己更优秀

某位伟人曾说：“人生所有的履历都必须排在勇于负责的精神之后。”如果说，智慧和勤奋像金子一样珍贵的话，那么，还有一种东西则更为珍贵，那就是勇于负责的职业道德。

我们如果不能对自己过去的行为负责，就不可能对自己未来的行为负责。对自己曾做过的事情，我们应该做的只有承担，而不是寻找借口逃避。很多时候，勇于承担责任，错误不仅不会成为我们发展的障碍，反而会成为我们前进的推进器，促使我们不断地、更快地成长。

20世纪末，在美国得州瓦柯镇的一个异端宗教的大本营内，发生了邪教徒集体自杀的事件，其中有20多名儿童被其身为邪教徒的父母所毒害。在这次事件中，也有10名正在查案的联邦调查局的探员遭到杀害。因为这次事件，美国司法部部长珍纳·李诺在众议院里，遭到许多议员的愤怒指责，他们认为她应该为这起惨剧负责。

面对千夫所指，珍纳痛心地说：“我从没有把孩子的死亡合理化。各位议员，这件事带给我的感受远比你们想象的要强烈得多。的确，那些孩子和探员的死，我都难辞其咎。不过，最重要的是，各位议员，我不愿意加入互相指责的行列。”很明显，她愿意负起所有责任。珍纳接受谴责，并一人独担责任，使众议员为之折服，大众传媒也深受其感动而对她大加赞扬。

因为她一人担起所有的骂名，没有推卸责任，使本来会给政府带来灾难性后果的指责声音减弱了。一些本来对政府打击邪教政策抱有怀疑态度的民众，也转变了观念，开始支持起政府的工作来。

珍纳·李诺的勇于承担使自己赢得了竞争对手的支持，有效地缓解了危机，加速了问题的解决。勇于承担责任，能够加强组织的团结，保证工作顺利进行，同时，它也是成就一个人事业的可贵品质。

列宁说过："认错是改正的一半。"那么另一半是什么呢？另一半就是采取一切可能的措施去弥补自己的过错，这不仅可以将你为错误付出的代价最小化，还可以让老板更进一步了解你的能力和潜在价值。

一次，约翰和戴维负责把一件古董邮件送到码头。这个邮件很贵重，上司反复叮嘱他们要小心。

没想到，送货车开到半路却坏了。戴维说："怎么办？你出门之前怎么不把车检查一下，如果不按规定时间送到，我们要被扣奖金的。"约翰说："我的力气大，我背过去吧，反正离码头也没多远了。而且这条路上车特别少，等车修好，船可能就开走了。"

"那好，你背吧，你比我强壮。"戴维说。

约翰背起邮件，一路小跑，终于按规定时间到达了码头。这时，戴维说："我来背吧，你去叫货主。"他心里暗想，如果客户能把这件事告诉老板，说不定还会给我加薪呢。没想到，他想得出了神，约翰递给他邮件时，他却没接住，古董掉在地上，"哗啦"一声摔碎了。

"你怎么搞的，我没接你就放手？"戴维大喊。"你明明伸出手了，我递给你，是你没接住。"约翰辩解道。两人都知道，古董打碎了意味着什么。工作没了不说，可能还要背上沉重的债务。果然，老板对他俩进行了严厉的批评。

趁着约翰不注意，戴维偷偷来到老板的办公室对老板说："老板，不是我的错，是约翰不小心弄坏的。"老板平静地说："好，戴维，我知道了。"

随后，老板把约翰叫到办公室，问他："约翰，到底怎么回

事?”约翰就把事情的原委告诉了老板,最后约翰说:“这件事情是我们的失职,我愿意承担责任。另外,戴维的家境不太好,如果可能的话,我来承担他的责任,我一定会弥补我们的损失的。”

约翰和戴维一直在等待处理结果。老板把他俩叫进办公室,对他们说:“公司一直对你们很器重,想从你们中间选一人担任客户部经理,没想到出了这件事,不过也好,这让我更清楚哪一个人是合适的人选。”戴维不禁暗喜:“一定是我了!”

“我们决定请约翰来担任。因为,一个能够勇于承担责任的人是值得信任的。约翰,用你赚的钱来偿还客户。戴维,你自己想办法偿还,对了,明天不用来上班了。”“老板,为什么?”戴维很不明白。

“其实,古董的主人已经看见你俩在递接古董时的动作,他跟我说了实际的情况。还有,我也看到了问题出现后你们的反应。”老板最后说。

任何人都不可能做到完美无缺,偶尔的疏忽也是可以理解的。但是,如何对待已经出现的问题,则可以看出一个人是否勇于承担责任。一个真正有责任感的员工不会为自己的失职寻找借口,推脱自己的责任,他们深知,“责任到此,不能再推”。

任何一家企业都希望把工作交给真正富有责任心的人,因为任何一个老板都清楚,能够勇于承担责任的员工对于企业的意义。

因此,当一个人想要实现自己内心的梦想,下定决心改变自己的生活境况和人生境遇时,首先要改变的是自己的思想和认识。要学会从责任的角度入手,对自己所从事的事业保持一个清醒的认识,努力培养自己勇于负责的精神,因为这才是成功的最佳方法。

人们都喜欢具有勇于负责精神的人。一个普通的员工,一旦具备了勇于负责的精神之后,他就能得到老板、同事、客户的信赖和支持,他的能力就能够得到充分的发挥,他的潜力便能够不断地得到挖掘,因而为公司创造出巨大的效益,同时也推动他本人的事业不断向前发展。

第五章　比别人多做一点点:勤劳是员工职业的优化师

不论从事何种职业,位于何种职位,只有懂得勤劳地用双手去工作的人,才能称得上是有良好职业道德的人。同时,员工只有做好手中的工作,甚至比他人多做一点点,职场之路才能越走越宽。

1

勤劳是引领你通往圣殿的导航

古罗马人曾建造两座圣殿:一座是勤奋的圣殿,另一座是荣誉的圣殿。它们在位置安排上有一个秩序,就是人们必须经过前者,才能达到后者。其寓意就是:勤劳是通往荣誉之殿的必经之路,那些试图绕过勤奋,寻找荣誉的人,总是被荣誉拒之门外。对于现代职场员工来说,勤劳不仅是员工必备的职业道德品质,也是引领员工通往成功圣殿的"导航员"。

成功者都有一个共同的特点——勤劳,世界上无数的成功和辉煌的业绩也都是在勤劳中获得的。在这个世界上,投机取巧是永远都不会获得成功的,偷懒更是永远没有出头之日。因此,对于一个员工来说,勤劳更是一种无与伦比的财富。

爱迪生的一生,从来没有一天是无所事事地度过的。努力学习和勤劳地工作是他每天必做的功课。他不喜欢看小说或者惊险刺激的西部故事,他喜欢看机械、化学、电工方面的书,也熟练掌握了这些知识。为了进行一项研究,通常要进行成千上万次的实验。正是这种勤劳的品质造就了爱迪生。当其他人称他为天才时,他却说:"天才就是百分之一的灵感加上百分之九十九的汗水。"

其实,世界上没有任何东西可以代替勤劳,高超的天赋也不能代替。成功和勤劳的工作是成正比的,有一分耕耘才能有一分收获,成就人生和事业的基础只能是勤劳。

鲁迅先生的人生之所以那么壮丽多姿,就是因为他养成了

勤劳的习惯，为此他放弃了享受生活，一生勤勉于笔耕，终于成为一代文豪。正如他所说："哪里有什么天才，我是把别人喝咖啡的时间都用来工作的。"

因此，我们一定要记住：勤劳的双手和大脑是帮助你飞向成功之巅的翅膀，只有那些拥有勤奋，并充分发挥自己的才能和力量的人，才会取得伟大成就。

英国画家雷诺兹说："有一个理念，会遭到虚度岁月的人、无知的人和游手好闲的人的强烈反对，我却不厌其烦地重复它。那就是：你千万不要依靠你自己的天赋。如果你有很高的才华，勤劳会让它绽放无限光彩；如果你说自己智力平庸，能力一般，勤劳可以弥补全部的不足；如果目标明确，方法得当，勤劳会让你硕果累累。没有勤劳工作，你终将一无所获。"

天道酬勤，纵观古今中外，那些真正做出了成就的名人，并不是因为他们个个是天才，而是因为他们付出了比别人更多的精力，付出了比别人更多的汗水。

在一般人的眼里，汉夫雷·戴维肯定算不上命运的宠儿。由于出身贫寒，他接受教育和获得知识的机会极其有限。然而，他是一个勤劳刻苦的年轻人，当他在药店工作时，他甚至把旧的平底锅、烧水壶和各种各样的瓶子都用来做实验，锲而不舍地追求科学和真理。后来，他以电化学创始人的身份出任了英国皇家学会的会长。

无数大师的成功经历告诫我们：只有勤劳地工作才会使你获得希望得到的东西。在成功的一切要素中，勤劳是最重要的。勤劳是每一个成功人士必不可少的素质。

勤劳是取得成绩、获得发展的前提，也是我们在职场中获得发展的前提。那些在艰苦探索的过程中勤劳工作的人，才更有可能取得令人瞩目的工作成果。要想在这个时代不断发展、脱颖而出，我们必须勤劳。

一位哲人说："世界上能登上金字塔顶的生物只有两种：一种是鹰，一种是蜗牛。不管是天资奇佳的鹰，还是资质平庸的蜗牛，能登上塔顶，极目四望，俯视万里，都离不开两个字——勤劳。"因此，每个人在事业上的发展，机遇、天赋、学识等外部因素固然重要，但更重要的是依赖自身的勤劳和努力。缺少勤劳的精神，哪怕是天资奇佳的雄鹰也只能是望塔兴叹；

拥有勤劳的精神,哪怕是行动迟缓的蜗牛也能到达胜利的顶点。

人生中任何一种成功的获取,也都同样始之于勤,并成之于勤。勤劳是成功的根本,既是基础,也是秘诀。没有勤劳,任何一项成功都不可能轻易得到。

机会永远都只会垂青勤劳的人。在一个公司里,并非具有杰出才能的人就容易得到提升,反而是那些具有良好技能并勤劳刻苦的人有更多成功的机会。公司的管理者总是愿意把勤劳刻苦作为对员工最好的教育。勤劳敬业的精神是走向成功的坚实基础。就像山姆·沃尔顿说的那样:“一个人缺乏工作经验及相关知识没有多大关系,只要他肯学习并全力以赴,绝对能够以勤补拙。”任何一个缔造事业辉煌的人士,一定都有一个共同的特征,那就是勤劳。

日本“推销之神”原一平在69岁时的一次演讲会上,当有人问他推销的秘诀时,他当场脱掉鞋袜,将提问者请上讲台说:“请你摸摸我的脚板。”

提问者摸了摸,十分惊讶地说:“您脚底的老茧好厚啊!”

原一平说:“因为我走的路比别人多,跑得比别人勤。”

提问者略一思索,顿然醒悟。

要想在职场中获得成功,必须保持勤劳的工作态度,要像辛勤的蚂蚁、蜜蜂一样兢兢业业地工作,那样,你才会拥有辉煌而充实的生活。缺乏事业至上、勤劳努力的精神就只有观望他人在事业上不断取得成就,而自己却在懒惰中消耗生命,甚至因为工作效率低下失去谋生之本。

勤劳,是一种积极向上的人生态度,是每一个人成才的必经之路。要想在这个人才辈出的时代走出一条完美的职业轨迹,唯有依靠勤劳的美德,认真地对待自己的工作,在工作中不断付出努力。没有勤劳,再美好的愿望都只能是空谈。然而我们身边常有一些这样的员工,他们对工作没有热情,缺乏主动性,做事拖拖拉拉,而且整天抱怨企业和领导。这样的人又怎么会得到老板的欣赏和重用呢?

如果一个员工面对他的老板说:“我为什么没有得到提升?”那么老板唯一可以回答他的也许就是:“如果你能竭尽所能,我是没有办法阻止你晋升的。”

如果你只是希望自己尽快到达事业的巅峰,却不情愿付出辛苦,而只是在等待机会，那么，你的内心将永远只有期盼，加薪、升迁将永远没有你的份。

人生就是一场竞技赛，生命就是赛程，能在这场竞技赛上获取金牌的人，都是永远勤劳的战斗者，因为他们知道任何的成功都源于自始至终的勤劳和努力。

卡尔森是卡尔森企业集团的老板，名下有全世界最大的旅行社以及瑞森大饭店，《福布斯》杂志估计他的财产近5亿美元。他是勤劳致富的典范，是个从推着自行车卖奖券开始，一直做到全国首屈一指的大富豪的传奇人物。他的工作哲学是“星期一到星期五保持竞争力不落人后，星期六与星期日拿来超越他人”。可以说，卡尔森就是一个工作狂。

懒惰的人从来不从更深层次去思考问题，他们没有看到那些成功的人在实现理想的过程中所经受的考验和挫折，他们不明白没有付出非凡的代价，没有艰苦的奋斗，没有勤劳的工作，是根本无法实现自己的梦想的。他们不相信勤劳，只相信运气，看到别人成功，便觉得那是别人运气好，他们从来没有想过成功源自勤劳这么简单的道理。

歌德说：“我们的本性趋向于懒怠。但只要我们的心向着勤劳，并时常激励它，就能在这活动中感受到真正的喜悦。”明智地作出决策，精神饱满地去行动，在行动中能够吃苦耐劳，不管你选择什么样的职业，你都会得到相应的报酬，也会更加充满前进的动力。

如今，在很多人看来，勤劳已不是现代社会所必需的品质，认为一个人想要成功，最需要的是头脑和机遇，这两种条件才是到达成功的真正途径。其实，正是这种错误认识才最终造成了他们与成功者之间的距离。要知道，天道酬勤，这是亘古不变的真理。

在现代职场中，勤劳是职业道德最宝贵的不可或缺品质。

2 勤劳不等于忙碌，抓住巧干的技巧

在企业里，我们常常看到这样一种人：桌上摆满了文件，总是一副日理万机的样子。他们看起来工作十分认真，也充满了热忱，从来不多休息。有时下了班，还要自动加班到很晚，他们以为这样做就能给老板一个好印象，他们认为要想往上爬就要付出这样的代价，这样才能得到大家的好评和老板的重用。而实际上，老板更喜欢能在有效工作时间内高效完成工作的员工，而不是那些由于工作效率低而不得不加班的员工。懂得巧干而不是蛮干，是每个员工都必须培养的一种职业行为。

仝旭和李剑同时进入同一家公司同一个部门。一年后，仝旭青云直上，而李剑还在原地踏步。对此，李剑似乎有些不满。

终于有一天，李剑到老板那儿发牢骚："老板，你交代我做的事，我都努力去完成。几乎每天我都把做不完的工作带回家去做，即使牺牲睡眠，我也在所不惜。我那么为公司卖力，为什么你是先升仝旭不升我？"

老板笑着说："你说的这些我知道，而且我还知道，每天你都是第一个到办公室，下班后也是走得最晚的一个，甚至经常加班到很晚……""既然你知道，为什么还……"李剑忍不住打断了老板的话。

老板看了看他接着说："同样是朝九晚五，同样性质的工作，为什么仝旭在下班以前就可以把工作完成，并且很少加班？而你却总是加班到很晚？你的辛苦大家有目共睹，可你并没有因此为公司带来更多的业绩，这让我不得不怀疑你的工作能力。而这也是我之所以提升仝旭的主要原因。"

在我们的身边，总不乏这样一些人，他们不论周末还是节假日，都不惜将自己全部的精力放在工作上，可不幸的是，这种人往往做不出什么成绩。他们中的相当一部分人是因为自己能力有限，生怕自己的重要性被忽视，于是就希望通过加倍地忙碌来引起老板的注意。但精明的老板通过他们的工作就能看出他们的本领，而无须探询他们忙得团团转的理由。由此也说明，终日忙得晕头转向的人不一定就是个能干的人。

在我们这个时代，这样的“忙人”似乎很多。他们每天急急忙忙地上班，急急忙忙地说话，急急忙忙地做事，可到月底一盘算，却发现自己并没有做成几件像样的事情。他们往往以一个“忙”字作为自己努力的漂亮外衣，却没有想到，这种忙，只能是“穷忙”、“瞎忙”，没有给自己和单位带来效益。

他们每天从早忙到晚，甚至还需要加班才能将工作做得更好。但是，老板并不欣赏这样的员工，因为最忙的员工往往不是最有效率的员工。工作中讲究条理性的员工往往具有较高的工作效率，他们的效率源于他们高效的工作方法。

勤劳不是蛮干、瞎忙和突击，也不是拼体力、耗精力。勤劳是有目的、有步骤的不断耕耘、耐心观察、长期积累、持久探索。科学巨匠牛顿曾经透露他成功的奥秘：“不是由于别的，却只是由于我辛勤持久的思索所致。”勤劳不等于忙碌，勤劳还要懂得思考。就是说，我们不仅仅要用手去工作，还要用心去工作，用心去想，怎么样才能让工作更出效率，怎么样才能更快地实现成功的愿望。

勤劳并不是要你一刻不停地工作，把自己弄得筋疲力尽，勤劳也需要讲求方法，劳逸结合。勤劳是将积极的工作态度与全身心投入的精神相结合，把自己的才能和潜力全部发挥出来，在最短的时间内创造最多的价值，这样才能提高效率，这样才能事半功倍。

做事不讲方法，只知道低着头一味蛮干，那只是在浪费时间和精力。我们要把每一分力气都用在它该用的地方，让每一分努力都卓有成效。而不是整天忙忙碌碌，跑来跑去，一副很努力的样子，但是实际上并没有取得什么工作成果。

忙碌不等于有效率，更不等于勤劳。一个做事不懂得静心思考的人，实际上才是最懒惰的人，因为他懒于思考，只会忙于应付眼前的事务。一个人除非有时间静心思考并能够广泛涉猎、学习他人所做的事情，否则创新不可能发生。

所以,员工不仅要在工作中做到双手勤劳,而且也要做到大脑勤劳,只有这样,才是老板最喜欢的员工。

现代原子物理学的奠基者卢瑟福,对思考极为推崇。一天深夜,他发现一位学生还在埋头做实验,便好奇地问:"上午你在干什么?"学生回答:"在做实验。"

卢瑟福不禁皱起了眉头,继续问:"那下午和晚上呢?""做实验。"

这个学生本以为能够得到导师的一番夸奖,没想到卢瑟福居然大为恼火,厉声斥责:"你一天到晚都在做实验,什么时间用于思考?"

勤劳的学生遭到斥责,看似委屈,然而大师却是在传授真经。很多时候,人们将岁月淹没在实际没有多大价值的忙碌中,却极不情愿拿出时间用在极具价值的思考上,以至于白白浪费了人类独有的高级能力——思考能力,最终一无所获。

有些人拥有工作的热情,工作起来也很勤劳,但他们只知道埋头苦干,却不知道讲究工作中的技巧,因此,他们虽然勤勤恳恳工作了一辈子,但是忙忙碌碌的一生却并没有做出过重要的成绩,也没有得到过一个老板的提拔,甚至总给老板一种"愚笨"的印象,这样的员工自然就不会得到提拔和重用。虽然实干、苦干是老板最乐意看到的工作态度,但他们更喜欢巧干、高效率的员工。

因此,拥有良好职业道德的员工不仅懂得勤劳的重要,更懂得巧干的珍贵。不要让自己陷入无边际的忙碌中,在工作的时候学会思考,怎么才能让工作更高效,怎么才能让自己每一分的付出更有价值。这样,在不断地思考和实干中才能为企业带来效益,你也才能成为老板真正需要和欣赏的员工。

3

少说多做，眼高手低只会让你失败

有人说："无知与眼高手低是青年人最容易犯的两个错误，也是导致他们频繁失败的主要原因。"许多人内心充满了激情，怀抱着理想，然而一旦面对平凡的生活和琐碎的工作，就变得无可奈何了；他们常常聚在一起高谈阔论，然而一旦面对具体问题，就会不知所措。

公司经营需要有战略思考和整体规划，但更需要的是将公司种种构想付诸实施的执行能力。对于公司来说，无论其未来发展的前途怎么样，这种执行能力都是必须具备的。只有那些对寻常工作能够忠实地加以执行的人，才有可能在未来走上重要的职位。因此，着眼于当下，少说多做是现代员工必须培养的一种职业修养。

今天的年轻人在求职时念念不忘高位、高薪，并且对自己说："英雄须有用武之地。"然而当他们对工作感到厌倦时，就会对自己说："如此枯燥、单调的工作，如此毫无前途的职业，根本不值得自己付出心血！"当他们遭遇困境时，通常会说："这种平庸的工作，做得再好又有什么意义呢？"渐渐地，他们开始轻视自己的工作，开始厌倦生活。

那些在事业上取得一定成就的人，无一不是在简单的工作和基层的职位上一步一步走上来的。他们总能在一些细小的事情中找到个人成长的支点，不断调整自己的心态，用恒久的努力打破困境，走向卓越与伟大。

那些在公司里身居高位、肩负要职的人，忠实地履行自己的日常工作职责。员工应该像哥伦布一样，努力去发现自己的新大陆，沉湎于过去或者深陷于对未来的空想是没有前途的。你正在从事的职业和手边的工作，是你成功之花的土壤。只有将这些工作做得完美、正确、专注，你才有可能将寻常变成非凡。

有这么一位年轻人，他蹲在一个捞鱼的摊子前，用网捞鱼。

可是渔网太纤细了，一碰到鱼就破，破了三只渔网，却一条鱼也没有捞到。摊主是一位老人，看到这一情景，他对年轻人说："你总是想捞那些又大又漂亮的鱼，渔网自然无法承受，你当然捞不到了！"

这就像在职场，年轻人要胸怀远大理想，但在现实生活中又必须脚踏实地，衡量自己的实力，不断调整自己的方向，一步步实现自己的目标。

纸上谈兵的人永远无法取得成功。为什么华盛顿、林肯这样的伟人永远只是少数，因为世界上成千上万个和他们一样富有理想的人，却在眼高手低的毛病中把机会扼杀了。

成功的定律是：心态＋目标＋方法＋行动＝成功。心态是改变命运、决定成败的先决条件，目标是方向，方法是工具，然而，只有脚踏实地采取行动，其他三者才会变得有意义。许多年轻人也曾有过伟大的理想，但总是摇摆不定。仅仅有理想是不够的，如果没有行动，你将永远停留在起点上。尽管行动并不一定会带来理想的结果，但是不行动则一定不会带来任何结果。

不要让眼高手低束缚了你的手脚，在工作中每一件事——不论大小，都值得你用心去做。如果你能像那些伟大的艺术家把他们的全身心都投入其作品一样，把全部精力投入你的工作，那么困扰你的所有疲劳和懈怠都会消失殆尽。

一个人对工作所持的态度，和他的性情、才智有着密切的关系。工作是人生的部分表现，职业则是他志向的表示、理想的体现。所以，了解一个人的工作，从某种程度上就是了解那个人。

一个人在工作时具有的精神状态，不但会影响其工作效率和工作质量，而且对其品格的形成也大有影响。有一句话这样说："检验人的品质有一种标准，那就是工作时能否全神贯注，进入一种忘我的工作状态。"

亨利·福瑞大学毕业后进入一家印刷公司从事销售工作，这与他最初的理想相距甚远。但是，他知道自己所追求的目标，同时也了解自己的现实处境，于是，他热情高涨，全心全意投入到新的工作中去。他将年轻人特有的热情和活力带到了公司，传递给客户，每一个和他接触的人都能感受到他的魅力。

尽管亨利工作才一年时间，但是他的主动和热情已经成为公司不可或缺的组成部分。不久，他被破格提升为销售部经理，取得了人生阶段性的成功。

但是，大多数人并不像亨利一样，他们总是以一种消极和被动的心态来对待工作，上班时懒懒散散，下班回家也无所事事。他们不是没有自己的追求，而是一遭遇困境就半途而废，因为他们缺乏一种精神支柱。

一个人的终身职业是他亲手制成的雕像，这座雕像是美丽还是丑恶，是可爱还是可憎，都是由他自己决定的。你的一举一动，无论是写一封信，出售一件货物，还是一次谈话，都在叙说着雕像的美丑。

4 职场只有懒人，没有笨人

"让我们勤奋工作！"这是古罗马皇帝临终前留下的遗言。当时，士兵们全部聚集在他的周围。

勤奋与功绩是罗马人的伟大箴言，也是他们征服世界的秘诀所在。那些凯旋的将军都要归乡务农。当时，农业生产是受人尊敬的工作，罗马人之所以被称为优秀的农业家，其原因也正在于此。正是因为罗马人推崇勤劳的品质，整个国家才逐渐变得强大。

然而，当财富日益丰富，奴隶数量日益增多，劳动对于罗马人变得不再必要时，整个国家就开始走向衰落了。因为生活懒散，罗马变得腐败滋生、罪犯横行，一个有着崇高精神的民族从此声名狼藉。

世界上到处是一些看来就要成功的人——在很多人的眼里，他们能够并且应该成为这样或那样非凡的人物——但是，他们并没有成为真正的英雄，原因就在于他们没有付出与成功相应的代价。他们希望到达辉煌的巅峰，但不希望越过那些艰难的梯级；他们渴望赢得胜利，但不希望参加战斗；他们希望一切都一帆风顺，而不愿意遭遇任何阻力。

懒汉们常常抱怨，自己竟然没有能力让自己和家人衣食无忧；勤奋的人会说："我也许没有什么特别的才能，但我会拼命干活以挣取面包。"

勤劳是一种良好的品行，是一种生活习惯的积淀。一个人的品性是其多年行为习惯沉淀的结果。行为重复多次就会变得不由自主，似乎不费吹灰之力就可以无意识地、反复做同样的事情，最后不这样做已经不可能了，于是形成了人的品性。因此，一个人的品性受思维习惯与成长经历的影响，他在人生中可以做出不同的努力，作出善或恶的选择，并最终确定自己品性的好坏。

马克思写《资本论》，辛勤劳动，艰苦奋斗了四十年，阅读了数量惊人的书籍和刊物，其中做过笔记的就有一千五百种以上。我国历史巨著《史记》的作者司马迁，从二十岁起就开始漫游生活，足迹遍及黄河、长江流域，汇集了大量的社会素材和历史素材，为《史记》的创作奠定了基础。德国伟大诗人、小说家和戏剧家歌德，前后花了58年的时间，搜集了大量的材料，写出了对世界文学和思想界产生很大影响的诗剧《浮士德》。我国数学家陈景润在攀登数学高峰的道路上，翻阅了国内外上千本有关资料，通宵达旦地看书学习，最终取得了震惊世界的伟大成就！可见，任何一项成就的取得，都是和勤奋分不开的。

勤奋是通往荣誉圣殿的必经之路，要想取得成功，摘得荣誉，就必须付出。一分汗水一分收获，成功的喜悦、耀眼的光环，从来都是为勤奋者准备的，懒惰者是永远不会在事业上有所作为的，只会使自己短暂的一生在碌碌无为中荒废。机会更垂青于勤奋的人。

贪图安逸将会使人堕落，无所事事会令人退化，只有勤奋工作才是最高尚的，才能给人带来真正的幸福和乐趣。别再埋怨自己那不开窍的脑子了，要知道并不是你的脑子不开窍，只是你的行动还不够！

5

勤劳努力永不过时

在一些人眼里,勤奋是一种过时的东西。他们认为现代社会需要的是头脑和机遇,只要两者兼备便可以轻松成功。这种认识显然是错误的,因为无论在任何时候做任何工作,勤奋都是成功不可或缺的必备品质。

汽车大王福特说:“如果你们说一个人很有前途,那我必须质问一句:他努力工作吗?”他的意思就是只有一个勤奋的人才真正有前途。要想在这个时代脱颖而出,你就必须付出勤奋和努力,拥有积极进取、奋发向上的决心,否则你只能由平凡转为平庸,最后变成一个毫无价值和没有出路的人。

离开了勤奋努力的精神,再天资聪颖的人也不会成功。

成功不单纯靠能力和智慧,更要靠每一个参与者的忠诚、敬业和勤奋。只有坚持不懈地付出努力,才是取得成功的不二法门。在文艺界、在体育界、在商界、在政界……这都是永恒的真理!

> 大家都知道刘德华,论唱歌他没有张学友那动人的歌喉,比电影他没有梁朝伟那精湛的演技,但是,他却用最美的精神感召力征服了亿万的歌迷和影迷,那就是他的勤奋。17岁的刘德华刚步入娱乐圈时,他只能算做是浩瀚大海中的一滴水,寂寞夜空中的一颗星,平凡而普通。从演小配角开始,摸爬滚打。对于一个没有背景、没有靠山的人而言,除了勤奋,别无选择。
>
> 刘德华开始学唱歌时,是一片倒彩声;在尝试写歌词时,前辈断言他文理不通,应该先去中文系学几年再说;即使唱红之后,依然有电台老板评论他根本不懂唱歌,也没有唱歌的天分。别人花一个小时能做成的事,他需花三个小时才能做成。然而,通过坚忍不拔的执著和努力,这个“笨小孩”最终成为香港“四大

天王”和“十大杰出青年”之一。直到现在，他歌依然唱得红火，演电影水平也是一流，是演艺圈里不可多得的“常青树”。

刘德华自己说，他最大的特点就是勤奋，下的工夫比别人多三倍，才能和别人一样。但世上勤奋的人并不只有刘德华，为什么他能成功而别人不能成功？刘德华是娱乐圈里著名的“劳模”，有“劳模刘铁人”之称，他还有一个“刘十二”的外号，因为他一年拍了十二部电影。到现在为止，他已经拍摄完成电影130多部，上世纪90年代，他曾连续3年蝉联香港“最受欢迎男歌手奖”，巅峰时其一张大碟中有3首歌打入“年度十大劲歌金曲”，创下香港乐坛史上绝无仅有的惊人纪录；他曾4度摘取“香港乐坛四台联颁传媒大奖”，5度获封“香港最受欢迎男歌手”，7度荣获“亚太区最受欢迎男歌手”，至今这3项纪录仍无人能破；在2001年他以101部电影、292个奖、近200场演唱会、2000万张唱片销量进入吉尼斯世界纪录。

作为一个成功的艺人，刘德华不管在什么年代总能拥有大批的歌迷。时世变迁、人事沉浮，刘德华在娱乐圈也是几次沉浮，但是无论面临怎样的处境，刘德华依旧保持着他的最佳笑容，总不会让大家失望，他的歌曲也总是蕴含了慰藉人心的力量。和他的演艺之路一样，他的财富也都是点滴积累。这中间没有大起大落一夜暴富，也没有一丝的投机取巧，他游走于艺人与商人之间，有的是坚持与努力。他的个人财富不断攀升，同样阐述着一个颠扑不破的真理：勤奋注定成功！直到现在，成就斐然的刘德华依然还在勤奋地工作，他自己说：“我知道我年纪大了，有点过时了，但我认为自己还有存在的价值，所以我不会轻言放弃，而是继续走自己的路，使自己老有所为。”

只有勤奋是通向成功的必经之路。那些成功者，那些做出了惊天动地大事的伟人，那些成就卓越的人，都有一个共同的特点，那就是勤奋。从来没有一次成功是不需经过勤奋努力奋斗而得来的，从来没有一个成功者是散漫懒惰的。

勤奋不仅是一种对待工作的态度，也是一种对自己负责任的表现。要想在这个人才辈出的时代里走出一条完美的职业轨迹，唯有依靠勤奋工作的精神去激励自己不断地进取，才能够实现人生的梦想。

在今天这个充满机遇和挑战的社会里，要想让自己抓住机遇脱颖而出，就必须要求自己付出比其他人更多的勤奋和努力，积极进取，奋发向

上,才能够达成愿望。在平凡岗位上辛勤工作的人是如此,在领导岗位上的人更是如此。

勤奋努力与时代、与行业、与岗位都没有太大的关系,勤奋努力的工作精神更不会过时,到现在,甚至到将来,勤奋仍将会是最被看重的职业精神。

越在当今激烈竞争的时代,越是先进的、高尖的技术行业,越需要这种勤奋的品质。

6 每天都多做一点点

著名投资专家约翰·坦普尔顿通过大量观察研究,总结出这样一条定律:“多一盎司定律。”他指出,中等成就的人与突出成就的人所做的工作量并没有很大差别,他们所做出的努力差别很小,如果一定要量化,那么可能只是“一盎司”的区别。确实,比他人勤奋一点点,多做一点点,不仅是企业对员工的要求,更是员工取得成功的前提。

实际上,“多一盎司定律”可以运用到社会生活的各个领域中,它是你走向成功的有效途径。例如,把它运用到高中足球队,你会发现,那些多做了一点努力,多练习了一点的小伙子成为球星,他们在赢得比赛中起到了关键性的作用。他们得到了球迷的支持和教练的青睐。“多加一盎司”——谁能使自己多加一盎司,谁就能得到千倍的回报。

《圣经》上说:“助人就是助己。”不要计较得太多,每天多做一点对你并没有害处,也许它会占用你的时间,但是,你的行为会使你赢得良好的声誉,并增加他人对你的需要。你的老板、委托人和顾客会关注你、信赖你，从而给你更多的机会。今天种下助人的种子，总有一天会结出甜美的果实，最终受益的还是你自己。

“付出多少，得到多少”是一条基本的社会规律，也许你的投入无法立刻得到回报，但不要气馁，一如既往地付出，回报可能会在不经意间，以出人意料的方式出现。除了老板以外，回报也可能来自他人，以一种间接的方式来实现。

当卡洛·道尼斯先生刚开始为杜兰特工作时，职务很低，而现在，他已经成为杜兰特先生的左膀右臂，并担任了其下属一家公司的总裁。他之所以能如此快速升迁，秘密就在于“每天多做一点点”。

翰林曾拜访道尼斯先生，并且询问其成功的诀窍。卡洛·道尼斯先生平静而简短地道出了个中缘由：

50年前，我开始踏入社会谋生，在一家五金店找到了一份工作，每年才挣75美元。有一天，一位顾客买了一大批货物，有铲子、钳子、马鞍、盘子、水桶、箩筐等等。这位顾客过几天就要结婚了，提前购买一些生活和劳动用具是当地的一种习俗。货物堆放在独轮车上，装了满满一车，骡子拉起来也有些吃力。送货并非我的职责，而完全是出于自愿——我为自己能运送如此沉重的货物而感到自豪。

一开始一切都很顺利，但是，车轮一不小心陷进了一个不深不浅的泥潭里，使尽吃奶的劲都推不动。一位心地善良的商人驾着马车路过，用他的马拖起我的独轮车和货物，并且帮我将货物送到了顾客家里。在向顾客交付货物时，我仔细清点货物的数目，一直到很晚才推着空车艰难地返回商店。我为自己的所作所为感到高兴，但是，老板却并没有因为我的额外工作而称赞我。

第二天，那位商人找到我，告诉我说，他发现我工作十分努力，热情很高，尤其注意到我卸货时清点物品数目的细心和专注。因此，他愿意为我提供一个年薪500美元的职位。我接受了这份工作，并且从此走上了致富之路。

在工作中,有很多时候需要我们比他人每天多做一点点,工作就可能大不一样。尽职尽责完成自己工作的人,充其量只能算是称职的员工;如果你在工作中能多做一点点,你就可能成为优秀的员工。

“多加一盎司”就是比别人多做一点点,这其实并不难,我们已经付出了99%的努力,已经完成了绝大部分的工作,再多增加1%又有什么困难呢?但是,我们往往缺少的却是1%所需要的那一点点责任、一点点决心和一点点勤劳。

身处困境而拼搏能够产生巨大的力量,这是人生永恒不变的法则。如果你能多做一点分外的事,不仅能彰显你勤奋的美德,而且还能发展出一种超凡的技巧与能力,使你具有更强大的生存力量,从而摆脱困境。

社会在发展,公司在成长,个人的职责范围也随之扩大。不要总是以“这不是我分内的工作”为由来逃避责任,当额外的工作分配到你头上时,不妨视之为一种机遇。

其实,我们可以找到几十种甚至更多的理由来解释你为什么应该养成“每天多做一点点”的好习惯——尽管事实上很少有人这样做。其中有两个原因是最主要的:

第一,在你建立了“每天多做一点点”的好习惯之后,与四周那些尚未养成这种习惯的人相比,你已经具有了优势。这种习惯使你无论从事什么行业,都会有更多的人指名道姓地要求你提供服务。

第二,如果你希望将自己的右臂锻炼得更强壮,唯一的途径就是利用它来做最艰苦的工作。如果长期不使用你的右臂,让它养尊处优,其结果就是使它变得更虚弱甚至萎缩。

提前上班,别以为没人注意到,老板可是睁大眼睛在瞧着呢。如果能提早一点到公司,就说明你十分重视这份工作。每天提前一点到达,可以对一天的工作作个规划,当别人还在考虑当天该做什么时,你已经走在别人前面了!

每天多做一点点,其实是一个简单的秘密。在工作中,有很多东西都是我们需要增加的那“一点点”。大到对工作、公司的态度,小到你正在完成的工作,甚至是接听一个电话、整理一份报表,只要能“多做一点点”,把它们做得更完美,你就会获得数倍于“一点点”的回报。

比他人多做一点点不仅是员工良好职业道德的一种体现，更是员工获得成功的秘诀。“多做一点点”的结果会使你最大限度地发挥出你的天赋。从现在起，你也掌握了这个秘密，那就好好运用它吧！

第六章　把自己当做公司的主人:主动是员工职业的导师

一个人对待本职工作全力以赴、主动追求的精神是员工必不可少的职业道德之一。将自己当做公司的主人,主动工作、思考不仅是员工良好职业道德的体现,也是员工提高自我工作质量的最佳方式。

1

热忱是工作的发动机

对工作充满热忱，是现代员工做好工作必备的职业品质，也是员工取得成功的决定性因素。这个世界为那些具有真正使命感和自信心的人大开绿灯，到生命终结的时候，他们依然热情不减。无论出现什么困难，无论前途看起来多么暗淡，他们总是相信自己能够把心目中的理想图景变成现实。

我们欣赏对工作怀有满腔热情的人。热忱可以与大家分享，它是一项分给别人之后反而会不断增加的资产。你付出的越多，得到的也会越多。要知道，生命中最好的奖励并不是来自财富的积累，而是由热忱带来的精神上的满足。

当你兴致勃勃地工作，并努力使自己的老板和顾客满意时，你所获得的利益就会增加。在你的言行中加入热忱，就能吸引身边所有的人。诚实、能干、友善、忠于职守、淳朴——所有这些特征，对准备在事业上有所作为的年轻人来说，都是不可缺少的职业素质，但是更不可或缺的是热忱。将奋斗、拼搏看作是人生的快乐和荣耀，是一种高尚的职业道德。

发明家、艺术家、音乐家、诗人、作家、人类文明的先行者、大企业的创造者……无论他们来自什么种族、什么地区，无论在什么时代，那些引导着人类从野蛮社会走向文明的人们，无不是充满热忱的人。

如果你不能将自己的全部身心都投入工作中，那么无论你做什么工作，都可能沦为平庸之辈，你无法在人类历史上留下任何印记。

热忱是工作的灵魂，甚至就是工作本身。年轻人如果不能从每天的

工作中找到乐趣,仅仅是因为要生存才不得不从事工作,仅仅是为了生存才不得不完成职责,这样的人注定是要失败的。

当年轻人以这种状态来工作时,他们一定犯了某种错误,或者错误地选择了人生的奋斗目标,使他们在天性所不适合的职业上艰难跋涉,白白地浪费了精力。他们需要某种内在力量的觉醒,他们应当被告知,这个世界需要他们做最好的工作。我们应当根据自己的兴趣把各自的才智发挥出来,根据各人的能力,使它增至原来的10倍、20倍、100倍。

大自然的秘密,就要由那些准备把生命奉献给工作的人、那些热情生活的人来揭开。各种新兴的事物,等待着那些热忱而且有耐心的人去开发。各行各业,人类活动的每一个领域,都在呼唤着满怀热忱的工作者。

热忱是战胜所有困难的强大力量,它使你保持清醒,使你全身所有的神经都处于兴奋状态,以进行你内心渴望的事;它不能容忍任何有碍于实现既定目标的干扰。

著名音乐家亨德尔年幼时,家人不准他碰乐器,不让他上学,不让他哪怕是学习一个音符,因为家人担心他沉迷音乐而耽误学业。但这一切又有什么用呢?他在半夜悄悄跑到秘密的阁楼里弹钢琴。

莫扎特小时候,整天要做大量的苦工,但是到了晚上他就偷偷地去教堂聆听风琴演奏,将自己的全部身心都融入音乐之中。

巴赫年幼时只能在月光底下抄写学习的东西,连点一支蜡烛的要求也被蛮横地拒绝了。当那些手抄的资料被没收后,他依然没有灰心丧气。同样,皮鞭和责骂反而使儿童时代充满热忱的奥利·布尔更专注地投入到他的小提琴曲中去。

没有热忱,军队就不能打胜仗,雕塑就不会栩栩如生,音乐就不会如此动人,人类就没有驾驭自然的力量,给人们留下深刻印象的雄伟建筑就不会拔地而起,诗歌就不能打动人的心灵,这个世界上也就不会有慷慨无私的爱。

热忱使人们拔剑而出,为自由而战;热忱使大胆的樵夫举起斧头,开拓出人类文明的道路;热忱使弥尔顿和莎士比亚拿起了笔,在树叶上记下了他们燃烧着的思想。“伟大的创造,”博伊尔说,“离开了热忱是无法做出的。这也正是一切伟大事物激励人心之处。离开了热忱,任何人都算不了什么；而有了热忱，任何人都不可以小觑。”

热忱，是所有伟大成就的取得过程中最具活力的因素。它融进了每一项发明、每一幅书画、每一尊雕塑、每一首伟大的诗、每一部让世人惊叹的小说或文章当中。它是一种精神的力量。在那些为个人的感官享受所支配的人身上，你是不会发现这种热忱的。因此，它的本质就是一种积极向上的力量。

最好的劳动成果总是由头脑聪明并具有工作热情的人完成的。

在一家大公司里，那些吊儿郎当的老职员们嘲笑一位年轻同事的工作热情，因为这个职位低下的年轻人做了许多自己职责范围以外的工作。然而不久，这位年轻人就从所有的雇员中被挑选出来，当上了部门经理，进入了公司的管理层。这令那些嘲笑他的人瞠目结舌。

热忱，使我们的决心更坚定；热忱，使我们的意志更坚强。它给思想以力量，促使我们立刻行动，直到把可能变成现实。不要畏惧热忱，如果有人愿意以半怜悯半轻视的语调把你称为狂热分子，那么就让他这么说吧。

如果在你看来值得为一件事情付出，如果那是对你努力的一种挑战，那么，就把你能够发挥的全部热忱投入进去吧，至于那些指手画脚的议论，则大可不必理会。笑到最后的人，才笑得最好。成就最多的，从来不是那些半途而废、冷嘲热讽、犹豫不决、胆小怕事的人。

因此，对于自己所从事的工作，要充分认识到它的价值和重要性，它对这个世界来说是不可或缺的。从现在开始，全身心地投入到你的工作中去，把它当做特殊的使命，把这种信念深深植根于你的头脑之中吧！

2

主动思考,事业才能进步

如果你想登上成功之梯的最高阶,就要永远保持主动。即使你面对的是毫无挑战和毫无生趣的工作,如果你能够做到自动自发,终能获得回报。这不仅是你获得成功前进的阶梯,更是企业对员工职业道德品质的基本要求。

拥有良好职业道德的人明白,什么事情都要自己主动争取,并且要为自己的行为负责。没有人能保证你成功,只有你自己;也没有人能阻挠你成功,只有你自己。

我们经常会发现,那些一夜成名的人,在功成名就之前,其实早已默默无闻地努力了很长一段时间。成功是一种努力的累积,不论何种行业,要想攀上顶峰,通常都需要漫长时间的努力和精心的规划。

许多公司的管理者都在不懈地努力着,想把自己的员工培养成能自动自发地对待工作的人。因为主动思考工作的员工,会勇于负责,有独立思考的能力。他们不会像机器一样,别人吩咐做什么就做什么。他们往往会发挥创意,出色地完成任务。而不能自动自发工作的员工,则墨守成规,害怕犯错误,凡事只求忠诚于公司规则。他们会告诉自己,老板没有让我做的事,我又何必插手呢,又没有额外的奖励!两种不同的想法会导致不同的工作表现。

一家大型超市的老板曾跟人讲起他的两个员工查理和海克的事。他们的年龄一样大,刚参加工作时拿同样的薪水,可是海克很快就加薪升职了,而查理依然在原地踏步。

“其实,不能说我不公平,海克这小伙子实在招我喜欢。我觉得我不能不给他加薪升职,那是他应该得到的。”老板说,“比如,有一次,我派他们俩去菜市场上看看有什么卖的,因为超市的蔬菜库存已经不多了。查理回来告诉我说只有一个农民在卖土豆。我问有多少,他不知道,就又跑到市场上问了回来。我问价格是多少,他又只好第三次跑到市场问出了价钱。”

说到海克,那位老板笑笑,脸上带着欣慰的表情,好像讲述的是他自己的儿子:“他很快从市场上回来,并汇报说目前只有一个在卖土豆的农民,一共40袋,价格还比较合理。他还带回一个土豆,让我看看质量。”

“你更不会想到的是,他从农民那儿了解到西红柿的销量很好,他把那个农民也带来了,在他手上还有一个西红柿样品。后来我就放心地让海克担任了更重要的职位。而查理,我实在找不出什么理由给他加薪,哪怕是一美元……”

主动思考的人不仅能圆满地完成自己的任务,还会忠心耿耿地为老板考虑,给老板提尽可能多的建议和信息,他们也因此会得到老板的提升和赏识。

比别人多努力一些,就会拥有更多的机会。在以前的计划经济时代,听命行事的能力相当重要,而在现在的市场经济时代,个人的主动进取更受重视。知道什么事该做,就立刻采取行动——动手去做!不必等别人的督促与交代。

“我没有时间!”“我实在太忙了,不能做!”“恐怕现在还不是最佳时机,我们为什么不再等等呢?”通常,这些司空见惯的话语可能会使你付出数倍的代价。“没有时间”只是懒散者的挡箭牌,是懦弱无能者的借口。要想获得更多的机会,你就应该积极主动地完成自己的工作。因为只有当你主动、真诚地提供真正有用的服务时,成功才会伴随而来。而每一个雇主也都在寻找能够主动做事的人,并以他们的表现来犒赏他们。

一个人在做工作时有没有主动性,有没有追求完美的精神,对于工作来说具有本质性的区别。许多聪明的人,他们的工作能力强,可总是得不到老板的赏识。因为他们不想接受命令,他们自以为是地认为自己早就看穿了雇主们要压榨员工的不良用心。当老板安排这种人去办事的时候,他们总是干脆地回答:“我不想去,你能安排其他的人吗?”对于这种人而言,即使他们的全部才能被埋没,在我看来也不值得同情。

每个老板都喜欢积极主动、善解人意的员工,人们也乐意和这种人共

事。从现在起开始为别人加倍努力吧,不要等着别人来吩咐。多做一些自己工作职责之外的事,哪怕一点点,你就可能吸引老板的注意,得到加薪和升迁的机会。如果一个人只是尽本分,或者唯唯诺诺,对公司的发展前景漠不关心,他就无法获得额外的报酬,也无法得到事业的提升。

老板不在身边却更加卖力工作的人,将会获得更多奖赏。如果只有在老板注意时才有好的表现,那么你就永远无法达到成功的顶峰。最严格的表现标准应该是自己设定的,而不是由别人要求的。

那些以无比的热情看待自己的工作和事业的人,总能发掘出无穷的机会。相反,那些被动的人,只能永远等着别人给他安排任务,而且还要推脱搪塞,同时他也推掉了属于自己的机会。

造物者授予人们掌握思想的权利,无疑是希望他们能够主动思考。有成功潜质的人,总是能够比别人多付出一些,因为主动为自己争取最大的利益,事业才能进步。

3 说做就做,将工作落实到行动

所有行业的领导人都认为,第一流的人才非常欠缺,就是说社会上仍有许多高级职位在等你。有一个主管曾说,资历很好的人实在很多,但都缺乏一个非常重要的成功因素,那就是执行能力。是的,职场最缺的就是说到做到、能将工作落实到行动的员工。而这不仅是企业的需要,也是现代员工必须培养的一种优秀的职业素质。

每一项工作,不论是高级推销工作,还是科学、军事、政府机关工作,都要脚踏实地的人来执行。大多数公司的人事经理在聘用重要职位的人选时,都会先考虑如下一些问题,然后才决定是否聘用。这些问题是:

“他愿不愿意做?”

“他会不会坚持到底把事情做完?”

“他能不能独当一面,自己设法解决困难?”

“他是不是有始无终、光说不做的那种人?”

对这些问题稍微斟酌一下,你会发现,它们都有一个共同的目的,那就是设法了解应聘者是否具有“说做就做”的一流执行力。

再完美的新构想也会有缺陷。即使是很普通的计划,如果确实实施并且切实执行,都比半途而废的好计划要好。因为前者会贯彻始终,后者则前功尽弃。

如果你一直在想而不去做的话,根本成就不了任何事。想想看,世界上的每一件东西,从人造卫星到摩天大楼,等等,哪一个不是由一个想法付诸实施所得的结果呢?

当你研究人(包括成功人士、平庸之辈)时,你会发现他们分别属于两种类型:成功的人都很主动,我们称为“积极主动的人”;而那些庸庸碌碌的普通人都很被动,我们称为“被动的人”。

仔细研究这两种人的行为,我们可以找出一个普遍原理:积极主动的人都是不断做事的人,他真的去做,直到完成为止;被动的人都是不做事的人,他会找借口拖延,直到最后他证明这件事“不应该做”、“没有能力去做”或“已经来不及了”为止。

积极主动的人与被动的人之间的差别,从小地方就能看出来。

积极主动的A先生计划好一个假期,就真的会去度假;而被动的P先生也计划好一个假期,却拖延到明年再打算。A先生认为应定期参加社会活动,结果他真的做了;P先生也认为该多参加社会活动,但他会找出各种办法来拖延。A先生认为应该写一封信给一个人来恭贺他的成就,他真的写好并立刻交寄;P先生却找了一个理由来拖延,结果一直没有写。

积极主动的人与被动的人之间的差异也会在大事上表现出来。

A先生想要自己创业,结果他说做就做;P先生也想创业,但他总是在最后关头发现“为什么不该做”的“好”理由。A先生已经四十岁了,他很想换一份新工作,结果他真的换了;P先生也想换工作,但他一直犹豫不决,以至什么事也没有做成。

积极主动的人与被动的人之间的差异也会在各种行为上表现出来。

A 先生想做就做,因而获得自信、安全感以及更多的收入;P 先生想做不做,因而永远度日如年。

结果是:主动的 A 先生会成就许多事情,但被动的 P 先生很想做事但不会真的去做,是地地道道的空想家。

从现在开始,学会拒绝借口,不断完善自己的执行能力。因为拒绝借口是执行力的表现,无论做什么事情,都要记住自己的责任,无论在什么样的工作岗位上,都要对自己的工作负责。

工作就是不找任何借口地去执行。

一支部队、一个团队、一名战士或员工,要完成上级交付的任务就必须具有强有力的执行力。接受了任务就意味着作出了承诺,而兑现不了自己的承诺是不应该找任何借口的。这是一种很重要的思想,它体现了一个人对自己的职责和使命的态度。思想影响态度,态度影响行动,一个不找借口的员工,肯定是一个执行力很强的员工。

喜欢橄榄球的朋友都知道,锋士·隆巴第是美国橄榄球运动史上一位伟大的橄榄球队教练。在锋士·隆巴第的带领下,美国绿湾橄榄球队成了美国橄榄球史上最令人惊异的球队,创造出了许多令人难以置信的好成绩。

看看锋士·隆巴第对他的队员的言论,我们就能从另一个方面对执行力有更深刻的理解。

“我只要求一件事,就是胜利。如果不把目标定在非胜不可,那比赛就没有意义了。不管是打球、工作、思想,一切的一切,都应该‘非胜不可’。

你要跟我工作,你只可以想三件事:你自己、你的家庭和球队,要严格按照这个先后次序。

比赛就是不顾一切。你要不顾一切拼命地向前冲。你不必理会任何事、任何人,接近得分线的时候,你更要不顾一切。没有东西可以阻挡你,就是一辆战车或一堵墙,或者是对方有 11 个人,都不能阻挡你,你要冲过得分线!”

正是有了这种坚强的意志和顽强的信心,绿湾橄榄球队的队员们才拥有了完美的执行力。在比赛中,他们的脑海里除了胜利还是胜利。对他们而言,胜利就是目标,为了目标,他们奋勇向前、锲而不舍、没有抱怨、没有畏惧、没有退缩,说到做到。他们无疑是职场所有雇员的榜样。

4

不把问题留给他人

自己的岗位就是自己的职责,自己的工作必须自己做完,这是一个员工最起码的职业道德素养。一个把公司当成家的员工不论是接受任务时,还是在完成任务的过程中,都应该全心全意、竭尽全力地去完成,不管任务有多难、困难有多大,都要积极主动地去想办法完成,而不是把问题留给老板或是别人。

在老板眼中,没有任何事情能够比一个员工处理和解决的问题更能表现出他的主动性和独当一面的能力。主动找方法,想方设法解决问题,才是一个员工对岗位工作的真正理解和践行。

2002年1月22日,凯玛特正式申请破产。

其实早在1999年,美国第一大零售商的凯玛特就开始表现出走下坡路的迹象,这可以从下面这件事情中看出端倪:

在1999年的凯玛特总结会上,一位高级经理认为自己犯了一个错误,他向坐在他身边的上司请示如何更正。这位上司不知道如何回答,便向上级请示:“我不知道,您看怎么办?”而上司的上司又转过身来,向他的上司请示。这样一个小小的问题,一直推到总经理帕金那里。帕金后来回忆说:“真是可笑,没有人积极思考解决问题的办法,而宁愿将问题一直推到最高领导那里。”

凯玛特的破产,可以说很大程度上毁于这些将问题推来推

去的职员身上。自己的岗位就是自己的职责,自己的职责当然应当自己担当,不管什么样的问题都不能推给别人,这样的员工才是企业的幸运;什么事都推来推去的员工,只会把企业带向深渊。

如果面对问题,你总不能妥善解决,那么问题就会成为你工作的负担,这样,不只是你本人的不幸,也是你老板的不幸。

常常可以看到很多职员在工作中不尽心尽力,不仅没有创造价值,反倒留下一大堆问题。他们的想法是:我能做到什么程度就做到什么程度,反正公司是老板的,他不可能不管,我做不好,他自然会来替我做。更有甚者,他们在接受任务时,就采取拒绝的态度,说"我做不了"。

这是一种既危险又愚蠢的态度。如果你不尽力,当老板被迫亲自来解决你工作中的问题时,那么,你离丢掉饭碗的日子也就不远了。

所以,工作中遇到问题时,不要幻想逃避,也不要犹豫不决,更不要依赖他人,而要敢于面对和迎接,敢于作出自己的判断,勇于自己拿主意,让所有的问题在自己的岗位上就可以完美地解决,而不是推给别人或是留下尾巴。

成功只青睐勇于战胜困难的人,懦弱的人永远不可能成功。人们总是遇到困难就停滞不前,甚至拒绝面对。殊不知,困难像弹簧,看你强不强:你强它就弱,你弱它就强。无论面临什么困难,只要我们勇敢地去克服,它其实就能乖乖地听指挥。

5 做点老板交代之外的工作

在我们的周围,有些工作是每个人都不想做的"讨厌的工作",大家对这样的“苦差事”都持唯恐避之不及的态度。在这种情况下，如果你主动去做这些没有人愿意做的工作会如何呢？这应该是那些优秀的拥有良好职业道德的员工都必须思考的一个问题。

很显然，这是你展露才能、勇气和责任心的大好机会。有时候，即使你有这一份心，也未必有这样的差事让你做。所以，当碰到这样自我表现的机会时，绝不要有一丝一毫的勉强，要心存感激才对。当然，这样做需要有相应的心理准备。因为这一类的工作，大都是非常辛苦而且吃力不讨好的，即使你付出了全部的心力，也不一定能达到效果。即便如此，你还是应该勇气百倍地主动去做。

事实上，这一类工作往往比那些表面看起来风光体面的工作，更能激发人的斗志及潜藏的能力。能够从这样的工作中找到乐趣的人，大多是能够得到老板赏识的人。他们即使心中不满表面上也从不抱怨，仍然默默地做事，而且并不在乎别人怎么看怎么说，甚至对什么时候才能得到他人的认同，也不多说。因为他们坚信只要付出肯定会有回报，而且付出与回报是成正比的。如果你唯恐自己吃亏而跟着大家一起推卸，那就等于是自己把机会往外推。

普通办事员杜晓静在谈到她破例被派往国外公司考察时说：“我和我的三个同事虽然同样都是研究生毕业，但我们的待遇并不相同，他们职高一级，薪金高出很多。我没有因为待遇不如人就心生不满，仍是认真做事，而且那些他们不愿做的事，我都会抢着去做。当许多人抱着多做多错、不做不错的心态时，我尽心尽力做好每一项工作，甚至会积极主动地找事做，了解主管有什么需要协助的地方，事先帮主管做好准备。因为在我上班报到的前夕，父亲就告诫我三句话：‘遇到一位好老板，要忠心为他工作。假设第一份工作就有很好的薪水，那你的运气很好，要感恩惜福。万一薪水不理想，就要懂得跟在老板身边学工夫，我将这三句话牢牢地记在心里，自己始终秉持这个原则做事。一个人的努力，别人是会看在眼里的。在后来挑选出国考察学习人员时，我是唯一一个资历浅、级别低的办事员。这在公司里是极为少见的。”

不需要老板交代的人，将会获得更多奖赏。如果只有在老板注意时

才有好的表现，那么你永远无法将事情做好。如果你对自己的期望比老板对你的期许更高，那么你就无须担心会失去工作。同样，如果你能达到自己设定的最高标准，那么升迁晋级也将指日可待。

优秀的员工以自动自发为本分，任何时候都不用老板催促，任何事情都做到前面，主动去做别人不愿意做的“苦差事”，从来不怕“吃亏”，这样的员工，自然能得到企业的重视，得到老板的青睐，从而得到提升，让自己走向成功。

积极主动的员工不只做老板交代的工作，而是做需要做的任何工作；永远主动找事做，而非等事做，这是优秀员工和平庸员工的重要区别。

李万钧是微软历史上最年轻的中层经理，很多人都不明白，初出茅庐、毫无工作经验的他凭什么仅仅入职微软两年就被提拔为中层经理，这是一般人奋斗七八年才能胜任的职位。更让人嫉妒的是，2002 年，因在上海技术中心出色的工作表现，他被调任美国总部高级财务分析师。那么，他究竟凭什么“一路飙升”无阻？

1998 年，22 岁的大学毕业生李万钧应聘为微软技术支持中心的一名网络工程师，年纪轻轻，极具上进心，在工作上也表现得相当成熟、稳重，尤其在维护公司利益方面有着自己独特的见解和有效的方式：善于从企业利益出发，为企业考虑，积极主动去做有利于公司的事情。

刚刚入职两个月，李万钧就发现公司考核用的报表系统有很多小毛病：考核“成绩单”每月月底才送呈经理那里，经理不能及时调配和督促员工，员工也不能受到有效的督促和提高；与此同时，以目前的状况，一旦业务量突增或有员工请假，对于刚刚发展的上海技术支持中心来说，很多工作就可能被耽误甚至造成大的损失、被客户投诉。

于是，李万钧利用周末休息的时间用 ASP（微软服务器上的一种脚本）写了一个具有他所期望的报表小程序，写好后经过运行、检验，觉得这个程序确实简单而且实用。他主动找到领导，并展示了这个小程序。

领导看到了这个小程序的价值，随即鼓励李万钧继续进行完善,并亲自与他探讨自己希望看到的数据和信息。一个月后,李万钧利用业余时间做的报表系统取代了从微软总部照搬的Excel报表,在上海内部网页上投入了使用。

实际上,李万钧设计的报表不仅取得了预期的激励员工的效果,每月新增加的报表功能,使得这套系统的应用范围不断扩大,半年后在微软欧洲公司也得到了应用。

由于在报表系统创新上的出色表现,加上其在工作上的优异成绩,李万钧主动积极、勤奋努力的品格和从管理者角度思考问题的潜在品质被领导所看中。2000年,他被提升为中层经理,负责组建亚洲现场支持部,成为微软历史上最年轻的中层经理。

截至2001年,微软亚太技术支持中心已拥有技术工程师600余人,李万钧又意识到技术中心的规模越大财务分析就越重要,再次主动提出了自己的想法,向上级申请技术中心需要建立一个财务分析小团队,以便对整个亚洲地区的技术支持业务的成本控制、财务预算等方面进行分析。李万钧的想法得到了总裁的支持,并随即被任命为亚洲地区业务分析经理。2002年6月,赴任微软中国区总裁向总部推荐李万钧到微软总部做高级财务分析的工作,经过考察和审核,李万钧成为整个团队中最年轻的成员。

考察一下那些成功人士和得到老板赏识的员工,那些“打工皇帝”、那些“高级CEO”,甚至那些晋升很快、业绩突出的员工,无一不是主动、自发、认认真真、兢兢业业的人。他们很早就明白,什么事情都要自己主动争取,而不是被动地等待。

张燕是老总的秘书,老总高兴的时候夸两句,不高兴的时候挨骂也是必然的。所以作为老总身边的工作人员要时时刻刻注意将事情安排周密。

有一次,张燕陪同老总去谈客户,请示要不要把合同带上,老总说,只是初次见面,签合同还早着呢,带了也没用。张燕一想也对,但是离开办公室的最后一秒钟,她还是把事先准备好的合同和所有可能用到的资料装进了文件夹。

席间,客户不停地问这问那,甚至提及了打款事宜,看苗头很有意愿。老总在心里一个劲儿后悔没带文件合同,这时张燕微笑着从包里取出文件资料让客户更明细地了解公司产品,客户看了很满意。张燕又不失时机追问一句:“陈总,如果您对我们公司的一切都还满意的话,今天我们就可以签订合同,这样您还可以享受我们最后一天的优惠价格,而且像您这样的客户我们也一定会让您享受周到的售后服务。”

经过一番言语交错,客户同意签合同。这时,张燕从文件夹中把合同书拿出来端放在客户面前,客户大笔一挥签下了两份合同书。事后,老总开玩笑地说:“小张啊,你可不是个听话的员工啊。不过你这种不听话应该作为案例在全公司提倡,哈哈……从下个月起,要财务部给你加三成薪水。”

可见,积极主动不仅是员工必备的一种修养,也是老板更为欣赏的一种特质,是员工晋升和加薪的最佳途径。自动自发是员工极为珍贵的品质,它促使一个人去做他应该做的事,而不是接到老板的吩咐后,以一种被动的状态,不得已才去做。在这些拥有良好职业道德的主动的员工眼中,工作不再是苦差事,而是能够带给自己乐趣、能够实现自己的梦想、能让自己满怀激情、能让自己走向成功的事情。

6 摈弃消极被动的恶习

企业需要积极主动的员工,老板欣赏积极主动的员工,成功奖励积极主动的员工。所以,工作一定要积极些,主动些,自发自动,自觉自愿,不要总是等事做,而要时时找事做;不要总是消极被动,而要时时积极主动,这样才能真正把工作做好,让自己成功。

但实际上,职场上消极被动的情况相当地普遍,很多员工养成了这种消极的习惯,不管做什么工作,处在什么样的岗位,工作都是能拖就拖,能捱就捱,找理由,找借口,就是不主动积极地去做,这样的态度是非常不利于工作,更不利于自己的发展的。

一位业务员给一位企业老板发送一封电子邀请函,连发几次都被退回,与那位老板的秘书查询时,秘书说邮箱满了。可四天过去了,还是发不过去,再去问,那位秘书还是说邮箱是满的!

试想,这四天之内该有多少邮件遭到了被退回的厄运?而这众多被退回的邮件当中谁敢说没有重要的内容?如果那位秘书能考虑这一点,恐怕就不会让邮箱一直满着。作为秘书,每日查看、清理邮箱,是最起码的职责,而这位秘书显然责任心不够。

人们还经常见到这样的员工——电话铃声持续地响起,他(她)仍慢条斯理地处理自己的事,根本充耳不闻。

某办公室内,一屋子人在聊天,投诉的电话铃声此起彼伏,可就是不接听,因为他们统一认为:"还没到上班时间。"其实,离上班时间仅差一两分钟,他们就看着表不接。

曾有客户服务部门的员工讲述自己部门的秘密:"五点下班得赶紧跑,不然慢了,遇到顾客投诉就麻烦了——耽误回家。即使有电话也不要轻易接,接了就很可能成了'烫手的山芋'。"

这些事情看起来是微不足道的小事,但恰恰反映了员工的消极怠工心理。而正是这种消极的态度,让许多员工错失了很多的机会。以至于终其一生,依然碌碌无为,一辈子也就在小职员堆里混日子。可见,消极被动是职场最毁人的一种恶习!它毫不留情地扼杀你的进取心,它无所顾忌地挡住机会女神的目光,它轻而易举就把成功关在了门外。就算你再有通天的才华,在这种恶习下,也毫无办法。所以一个聪明的有道德的员工千万不要沾染上而要改掉这种恶习,养成主动积极的好习惯。

比尔·盖茨曾说:"一个好员工,应该是一个积极主动去做事、积极主动去提高自身技能的人。这样的员工,不必依靠管理手段去触发他的主观能动性。"

李开复也曾说过:"不要再只是被动地等待别人告诉你应该做什么,

而是应该主动地去了解自己要做什么，并且规划它们，然后全力以赴地去完成。想想在今天世界上最成功的那些人，有几个是唯唯诺诺、等人吩咐的人？对待工作，你需要以一个母亲对孩子般那样的责任心和爱心全力投入、不断努力。果真如此，便没有什么目标是你不能达到的。”

做事主动的员工，不管他是扫地的，还是一个高级程序员，都会把事情做得漂漂亮亮。这样的人不仅能把事情做好，他还经常对上司说：“我还有一个想法能做得更好。”积极主动、喜欢找事做的员工，做什么事都容易成功。

充分发挥自己的主动性，对于这一点，微软中国研发中心的桌面应用部经理毛永刚深有体会。

1997年，他刚被招进微软时负责做Word。当时他只有一个大概的资料，没有人告诉他该怎么做，该用什么工具。和美国总部交流沟通，得到的答复是：一切靠自己。在没有硬性规定测试程序和步骤的情况下，他根据自己对产品的理解，考虑到产品的设计和用户的使用习惯等，发现许多新的问题。结果他发挥了自己最大的主动性，设计出了最满意的产品。

积极主动的员工，才是一个能把任何事都做得圆圆满满的员工，才是老板所器重的员工。只有那些在工作的过程中，能够将被动变成主动的员工，才能赢得更多客户的信任，从而进一步扩大自己的业务面，做出更大的业绩。听听王月的故事，你就会明白，主动和被动的差异有多大：

“这是一次我的亲身经历。当时我还在做润滑油销售，负责公司产品在中国的推广。当时知名品牌比如埃克森和美孚早已进入中国市场，并且质量、品牌都得到了认同，而我们公司的品牌是新加坡的，在中国无人知晓，中文名字还是我去注册的，打开销售的局面在当时非常困难。”时任某家润滑油企业销售经理的王月说。

“有一次我带着销售小组去了一家地段偏僻的汽车维修厂推销产品。那家维修厂当时使用的润滑油都是埃克森和美孚，维修厂外观破旧但生意很红火。当我向这家维修厂的经理介绍我们的产品时，没说几句，他就不耐烦地对我吼：‘你在这里说什么说，你的产品是什么牌子的，我都没听过，有埃克森和美孚好吗？你不要浪费我的时间了’。”

当时的情况非常尴尬，王月对维修了的经理说：“刘经理，不知道我可不可以问你一个问题？”他没有拒绝，王月就问了一个问题，这个问题就让她争取到了一个客户。王月的问题是：“刘经理，你的工厂外观看起来破破烂烂，所处的地段也不好，你凭什么能让那些宝马、奔驰汽车来你这里维修？难道你的工厂从开业时就有这么好的业绩吗？”他一听马上就反驳：“哪有那么顺利，我们刚开始营业时情况不知道有多糟糕，没有一单生意，后来在这附近发生了一起车祸，多亏我们跑去求人家到我们这里来修，还说修不好就赔台车给他，这样才有了第一个客户。”

当经理被调动起了情绪，王月说：“我们的产品是第一次进入中国市场，情况跟你当初一样，都不为人所知，如果你能给我们一次机会，我们也能证明我们的产品，而且，你将是我们最重要的客户。”这种变被动为主动的方式，一下就感动了经理，他说：“你明天把润滑油拿过来吧。”

想想看，如果王月没有积极地去争取，主动找经理说清自己的处境，打动刘经理，而是消极被动地等待的话，也许他今天还和当年一样在为打开销售局面而愁眉不展。可见，积极主动才能为自己争取到成功的机会。

消极被动是积极主动的最大障碍。所以，从现在开始，抛弃消极和被动吧，立即行动起来，一分钟也不要拖延。

有一位刚毕业的大学生告诉老师：“我申请了两个工作，我比较喜欢的是那份竞争激烈的工作，那份竞争激烈的工作，很多同学也很想得到。我现在只好等待，如果那家公司不聘请我，我就到另一家公司去。”

老师很惊讶地问他：“既然你很喜欢第一份工作，为什么你这么被动，只知道等待而不去主动争取呢？”

确实，被动就是弃权，只有积极主动地去争取，才有可能拥有机会。

在微软工作的华人都知道郭蓓菁，一个小巧玲珑、年轻活泼的女孩。见她第一眼时你可能会对她是微软最资深的华人经理之一感到惊讶，但是，如果你跟她交谈几分钟，你就会发现，她是一个自信、积极和乐观的人，她具有卓越的领导力以及严谨的逻辑和思维。

她曾讲过自己的一些经历。

“我18岁从中国移民到美国,到美国6个月后,为了上大学,就参加了SAT考试。那时虽然我的英语口语已经不错,但是文法、词汇和作文还不行。我的SAT数学考了780分(接近满分800分),但英语只考了280分。要知道英语就算交白卷也有200分,可见280分是个多么糟糕的分数。但是我依然自信地申请了加州大学的电机工程系。

由于我的英语SAT分数太低,我的申请被拒绝了。但是我不服输,深信如果我被录取,我将会成为一个成功的工程师。于是,我决定‘上诉’。

我直接给加州大学的校长写了一封信。在信里,我做了自我介绍,描述了我在理工方面的成就,解释了英语考试成绩不理想的原因,信中强调了我的学习能力和吃苦精神。在信的最后,我说:‘校长女士,如果你录取我,我保证我会成为贵校的骄傲。’

两天后,校长约见了我。一星期后,加州大学收回成命,决定录取我。”

每一种消极的态度都是一座山,会挡住你通往成功的路;每一个积极的心态都是一把钥匙,能帮你轻松打开成功的大门。很多时候,机会都是我们积极主动争取来的。所以,不要犹豫,从现在开始,抛弃消极和被动,积极起来吧,成功就在前方!

第七章　不抱怨的态度:感恩是员工工作的强心剂

感恩是一份心情,是一种素质。心存感恩,工作中便会少些怨气和烦恼;心存感恩,工作时便能拥有一份愉悦而温暖的心情;心存感恩,任何困难与抱怨都会止步。只有懂得感恩的员工才有可能是幸福的员工。

1

工作就是一种恩典

有人说:“工作是上帝赐予我们的恩典。”也有人说:“工作是老板赐予我们的恩典。”拥有良好职业道德的员工懂得感恩,懂得工作本身就是一种恩典。

思坦因曼斯是德国一位工程技术人员,不远千里来美国谋生,但举目无亲的他根本无法立足,只得到处流浪。后来,他幸运地得到一家小工厂老板的看重,雇用他担任制造机器马达的技术人员。思坦因曼斯是一个善于钻研的人,很快,他便掌握了马达制造的核心技术。

1923 年,美国的福特公司有一台马达坏了,公司所有的技术人员都没能修好。正在着急的时候,有人推荐了思坦因曼斯,福特公司马上派人把他请来了。

他来了之后,什么也没做,而是要了一张席子铺在电机旁,聚精会神地听了三天,然后又要了梯子,爬上爬下忙了多时,最后他在电机的一个部位用粉笔划了一道线,写下了“这儿的线圈多绕了十六圈”的诊断结果。福特公司的技术人员按照思坦因曼斯的建议,拆开电机把多余的十六圈线取走,再开机,电机正常运转了。

这件事被总裁福特先生知道后,对这位技术员十分欣赏,他拿出一万美元的酬金,亲自邀请思坦因曼斯加盟福特公司。然而,这却遭到了思坦因曼斯的拒绝,他对福特先生说,他不能离

开那家小工厂，因为那家小工厂的老板在他最困难的时候帮助了他。

福特先生对此虽觉遗憾万分，却也感慨不已。福特公司在美国的实力雄厚，很多人都以进福特为荣，这个人却为了报恩而舍弃了送上门的好机会。

不久，福特先生做出了一个让人吃惊的决定：收购思坦因曼斯所在的那家小工厂。董事会的成员都觉得不可思议，收购这样一家小工厂对公司有什么益处呢？福特先生意味深长地说："因为那里有思坦因曼斯，感恩是最宝贵的精神！"

一个人没有老板的知遇之恩，怎么能施展自己的才华和抱负呢？没有给你提供机会的公司，给你帮助的上司和同事，你怎么可能一个人不经历职业生涯就随随便便取得辉煌的业绩呢？因此说，任何时候，都不要忘了感谢在工作中给过你帮助的领导和同事，给你舞台发挥的公司。

然而，现在的人们可以为一个陌路人的滴水之恩而感激不已，却往往无视朝夕相处的老板的种种恩惠，将一切视为理所当然，没有一点感恩之心。他们认为，自己与老板是一种契约关系，自己付出才华与努力，为公司创造效益，公司付给自己相应的薪水，这是一种交易。但是，你反过来想一想，虽然老板利用你的才华创造效益，但正是老板发掘了你，认为你是可用之才，给你一个机会让你的才华得以展现，使你能够认识到无论对于社会还是对于家庭，自己都是一个有用的人，使你的一生能无怨无悔地度过，你有什么理由不对老板充满感激？

要知道，我们从工作中所获得的一切，所享受到的一切，不是平白无故的，而是许多人所创造、所奉献的。如果能在工作中牢记"拥有一份工作，就要懂得感恩"的道理，你一定会收获很多。如果我们能设身处地为老板着想，怀抱一颗感恩的心，就能赢得老板的尊重和欣赏。

有位父亲曾告诫刚踏入社会的儿子："遇到一位好老板，要忠心地为他工作；假如第一份工作就有很好的薪水，那算你的运气好，要努力工作，感恩惜福；万一薪水不理想，就要懂得在工作中磨炼自己的技艺。"

这位父亲无疑是睿智的，所有的年轻人就应该牢记，并在工作中秉持这样的原则，把工作当做一种恩典，一扇通往成功的机会之门，要充满感激并倍加珍惜。这样，你才不会在工作中做得心不甘情不愿，才会全力以赴,并能及时把握每一次悄然而至的机会。

工作就是一种恩典,你不仅拿到薪水得以养家糊口,提高自己的生活质量;你还能在工作中得到实践,不断提高自己的能力,不断提升自己的价值;你更能借助这个平台,为以后的创业积累实力,为实现自己的梦想打下根基。

因此,你对公司的感恩应该基于这样一种深刻的认识:公司为我提供了施展才华的场所,所以我对公司为我所付出的一切心存感激,并力图回报。

一个时常怀有感恩之心的人,常会为自己能成为公司的一员而感恩,为自己能遇到这样的一位老板而感恩;还会常把"谢谢你"、"我很感激你"挂在嘴边,会付出自己的时间和精力,更加勤奋地工作。因此,你要感谢你周围的人,感谢给你提供机会的公司,感谢他们了解你、帮助你、支持你;你要大声说出你的感谢,让他们知道你感谢他们的信任和帮助。当你微笑并真诚地表达出你的谢意时,你就在自己和别人的心里埋下了快乐的种子,你就会在工作中收获到无穷的乐趣。

美国一位职业指导专家曾说过这样的话:"我发现,当人们真正感到他们的工作是份礼物时,他们就能从工作中得到乐趣……他们就会对自己所干的工作充满活力和激情。他们会有一种感觉,自己要向这个世界贡献一种独特的东西。"

是的,只有真正把公司赋予你的工作当做一种恩典,你才能全心全意、不遗余力地为公司增加效益,才能没有任何借口地完成公司分派给你的任务。当你把工作当做一种恩典,并满怀感激、忠心地为公司、老板工作时,老板也一定会为你设计更为辉煌的前景,这种既符合自身道德要求又对未来发展有益的事儿,何乐而不为呢?

2 感恩身边的每一个人

很多时候我们对家庭、朋友、同事、客户、领导、老板、企业、社会、大自然等等的付出漠然处之,认为他们的付出是自己应得的,甚至一旦自己从他们那里获得太少,就开始满腹牢骚。但一旦离开他们,我们还会有今天吗?其实,每一个成功的人不知道要有多少人在背后帮助他,支撑着他。

正所谓"一个好汉三个帮","单丝不成线,独木难成林",一棵树离开森林的保护,它可能在还未茁壮的时候就早已被狂风暴雨摧残。古今中外多少英雄豪杰,成在"得道多助",败在"失道寡助"。不懂得感恩的人,也会很快失去他人的庇护,那么他就很难获得成长。所以,感恩是对他人的责任,也是对自己负责。因为只有感恩他人,才能得道于他人。

作为一名职场中人,要想获得更大的发展,就必须懂得感恩。我们要感恩我们的家庭、我们的父母,每一个成功者身后都有一个默默支撑他的家庭,而家庭的支持也是我们最容易忽视的。因为工作太忙,与家人相处时间越来越少,亲情越来越淡薄,而家人为了不打扰我们也联系少了。但家人其实也是最容易满足的,有时候仅仅需要我们一声谢谢,仅仅需要我们回家看看,吃吃饭、聊聊天。

> 著名画家吴冠中的三个孩子全都由夫人抚养长大,包括上学和生活安排,吴冠中一点都没有插手,他在一心一意地搞绘画。他的夫人也是绘画天才,却为了吴冠中放弃了艺术追求。她脑血栓病愈后稍稍能活动时,见吴冠中作画,也会颤巍巍地递上一杯水。吴冠中在法国举办个人画展一举成名,夫人对吴冠中说:"你可真不容易!"吴冠中也感慨万千地对夫人说:"你也是的!"

这就是夫妻之间相濡以沫四十余载的感恩,不需要太多的语言。我们要感谢陪伴我们一直走过来的朋友，他们陪我们哭、陪我们笑，陪我们走过孤独和欢乐的日子，在困难的时候向我们伸出手，在我们迷路的时候拉了我们一把。他们在人生路上就像铺路的石子、河边的桥梁一样，陪我们走过千难万阻；朋友也是一面镜子，暴露我们的缺点，也让我们认识自己的才能，更帮助我们改过自新。

朋友，是我们人生中最温暖的舞台。

大学毕业后，迈克开始找工作。在当时的情况下大学毕业生还不多，他以为可以找到最好的工作，结果却徒劳无功。

迈克的父亲是位记者，他认识一些政商界的重要人物。这些重要人物之中有一个叫查理·沃德的人。他是布朗比格罗公司的董事长，他的公司是全世界最大的月历卡片制造公司。

4 年前，沃德因税务问题而服刑。迈克的父亲觉得沃德的逃税一案有些没有揭露的真相，于是赴监狱采访沃德，写了一些公正的报道。沃德看着那些文章，几乎落泪。最后在迈克父亲的努力下，查理·沃德很快出狱了。出狱后，沃德问迈克的父亲是否有儿子。“有一个，在上大学。”迈克的父亲说。“什么时候毕业?”沃德问。“他刚毕业，正在找工作。”“噢，那刚好，如果他愿意的话，叫他来找我。”沃德说。

最后，查理·沃德为了感谢迈克父亲的援助，非常用心地对迈克进行培养。

事实上，迈克得到的不只是一份薪水和福利非常好的工作，更是他的一份事业。

30 年后，迈克成为了全美著名信封公司的老板。很多年后，迈克还经常说：“感谢沃德，是他给了我工作，是他创造了我的事业。”

我们也要感谢同事，他们是我们工作中的左右手，他们是搭档、是战友、也可以是生活中的伙伴。大家互相学习、互相帮助，为着共同的目标而战斗。他们也是催促我们前进的竞争对手，我们的事业正是在同事间的你追我赶中才碰撞出精彩的火花。

感恩同事，就要发扬团结协作的精神。一滴水只有放到大海才能掀起惊涛骇浪，一个人的价值只有放到团队中去才能成就辉煌。而只有感恩同事,才能让我们真正融入到团队中去,让工作充满快乐激情。

张国辉是美国奥美广告公司的一名设计师,有一次被公司总部安排前往日本工作。与美国轻松、自由的工作氛围相比,日本的工作环境显得更紧张、严肃和有紧迫感,这让张国辉很不适应。

“这边简直糟透了,我就像一条放在死海里的鱼,连呼吸都困难!”张国辉向上司诉苦。上司是一位在日本工作多年的美国人,他完全能理解张国粹的感受。“我教你一个简单的方法,每天至少说40遍‘我很感激’或者‘谢谢你’,记住,要面带微笑,发自内心。”

张国辉抱着试试看的态度做了,一开始还觉得很别扭,要知道“刻意地发自内心”可不是件容易的事情。可是几天下来,张国辉觉得周围的同事似乎友善了许多,而且自己在说“谢谢你”的时候也越来越自然,因为感激已经像种子一样在心里悄悄发芽。

渐渐地,张国辉发现周围的事情并不像自己原来想象的那么糟糕。到最后,张国辉甚至发现在日本工作简直是一件让人愉快的事情!

是感恩的态度改变了这一切。我们也要感谢我们的领导和老板,他们发掘我们潜能,引导我们前进,纠正我们错误,教给我们技能,让我们在职场中迅速从一个“菜鸟”成长为能手。他们给了我们发展的机会和空间,让我们施展自己的才华;而他们也时常承担着企业风险,很多时候为了业务也四处奔波应酬、牺牲了家庭时间甚至身体健康。他们是我们事业的伙伴,更是我们的老师、伯乐、教练,也是最严厉的家长。而感恩领导,就要求我们努力工作,时刻为企业着想。

闫华是个很有才华的人。1997年,他从清华大学毕业后,来到深圳华为公司工作。刚从学校毕业的他,初生牛犊不怕虎,经过收集资料和实际的市场调研,他给华为老总任正非写了一封《万里奔华为》的信,提出了华为存在的问题和发展的建议。

任正非读完后称其为“一个会思考并热爱华为的人”,当即决定提升他为部门副经理。

我们也要感谢客户,我们的工资可以说不是老板给的,而是客户给的。即便我们生产了再多商品,顾客不买账企业就无法生产,我们也就只能失业。所以,我们要感恩客户,是他们给了我们辛勤劳动最大的报酬。也许你会碰到各式各样的客户,他们或严苛,或斤斤计较,或刁蛮难缠。但我们要感谢他们,因为他们让我们认识到人性的复杂和善变,从而改进我们的产品和服务,让我们在工作中越挫越勇、经验日益丰富。

我们更要感谢那些理解与喜爱我们产品与服务的客户,他们给了我们最大的肯定和动力,也正是他们为我们树立了良好的口碑,甚至主动为我们介绍来了更多的客户,他们是我们工作的最大动力。感恩客户,就要把顾客当家人、当朋友、当上帝,客户永远是对的,满足客户要求是我们的职业道德要求。

林祥的服装店的生意特别好,店里的每一个导购都衣着整洁、精神抖擞、面带微笑。只要顾客一进店里,他们就齐声喊道:“欢迎光临!”因为导购的热情,店里的生意十分火暴。在这样的服务态度背后还有一段故事。

几年前,林祥在小镇上开了一家服装店。由于他待人和气,又擅长经营,而且店里服装种类繁多,因而客户源源不断。两年下来,服装店在小镇上声名鹊起。为了扩大经营,他决定再开一家分店,于是向镇上一家小银行贷款 3 万元。在当时 3 万元相当于他一年的净收入。

可就在服装店的生意如火如荼之时,小偷光临了他的小店,偷走了全部的衣服。林祥一夜之间破了产。

小店的生意不能就这么完了!他东拼西凑,到处借钱,准备重整旗鼓。两个月之后,服装店重新开张了。令他没有想到的是,原来的老客户又回来了,而且还带来了一部分新客户!他不禁喜出望外,除了跟每一位顾客热情打招呼外,在顾客临走时他还不忘深深鞠上一躬。

不知不觉间,林祥与顾客建立了深厚的感情。现在,提到他的服装店,小镇上的居民已经无人不知、无人不晓。

如果说林祥的成功有什么秘诀的话,那就是感恩顾客。用林祥的话说:“我现在所有的一切是顾客给的,他们不仅是我的客户,也是我的恩人。"

我们也要感谢那些曾指责我们、反对我们甚至羞辱我们、让我们身陷绝境的人,我们感谢那些不欢迎我们的人。感谢敌人,因为是他们让我们明白了什么是战场、什么是竞争、什么是你死我活。在残酷的环境和恶劣的人情世故中,我们渐渐学会生存的智慧,努力拼搏,顽强奋斗,最终我们才能够逐渐强大起来。可以说正是"敌人"激发、成就了我们。

韩信佩剑行走在街坊上,遇到了一无赖屠夫当众侮辱韩信:"从我胯下爬过去。"于是韩信仔细地打量那年轻人,弯下身去,趴在地上,从他的胯下爬过去。满街的人都嘲笑韩信,认为他胆小。

后来韩信做了楚王。侮辱过韩信的屠夫见到韩信四处躲避,害怕韩信会报复,韩信放话:"你们找到他叫他不要怕,我不会害他,叫他来见我!"

当已为楚王的韩信到下邳时,不但没找他报复,反而任命他做楚国的中尉。还告诉将相们说:"这是个壮士。当侮辱我时,我难道不能杀死他吗?但杀他没有名目,所以忍了下来,才达到今天的成就。"

可见,韩信从年轻时即能从另一个角度去审视问题:常人的理未必是对的,反而认为要他胯下而行的年轻人造就他的成就,给他个小官做。

在我们漫长的生命中,除了感谢领导、同事、家人、朋友、客户、敌人之外,我们还要感谢很多很多人,包括许许多多我们不认识的人,尤其是那些奋斗在一线的普通劳动者。因为没有他们,我们就没有高大的办公楼,没有时刻干净的街道,没有便利的交通,也没有随处可见的餐馆和小卖部。

正如《感恩的心》所唱:"感恩的心,感谢有你,伴我一生,让我有勇气做我自已。"感恩,让我们以知足常乐的心善待身边的人;感恩,让我们在平淡如水忙碌如牛的日子,发现生活的富有和充足;感恩,让我们珍惜生命的馈赠,感恩身边的所有人,用心报答他人的激励与爱。

3

别让抱怨误了一生

许多失业者对工作、对生活、对上司充满了抱怨。失业的痛苦困扰着他们的身心，使他们觉得自己仿佛陷入了黑暗的深渊不能自拔，只有通过抱怨来平衡自己。然而，这种抱怨的行为恰好说明他们所遭遇的处境是咎由自取，因为他们从来没有分析过自己失败的真正原因。

抱怨是无济于事的，只有通过努力才能改善处境。人往往就是在克服困难的过程中，形成了高尚的品格。相反，那些常常抱怨的人，终其一生，也无法产生真正的勇气、形成坚毅的性格。

不妨假想一下，你是喜欢与那些抱怨不已的人为伍呢，还是愿意与那些乐于助人、充满善意、值得信赖的人一起共事？毫无疑问，你会选择后者。对于那些喜欢抱怨的人，人们通常会避而远之。在工作中也很少有人因为抱怨、嘲弄等消极负面的情绪而获得奖励和晋升。

朱晓打算与一位离过婚的妇女结婚，临到结婚前却放弃了。

"事情怎么会这样呢？"人人都为之惋惜。朱晓这样解释："她总是一一历数前夫的种种缺点——胡说八道、好吃懒做、无所事事、脾气恶劣，等等，简直一无是处。我想，世界上应该没有一个如此差劲的人吧。我突然意识到和她生活下去我会受不了，干脆逃走为妙！"

几乎在所有机构——无论大小，处处存在着吹毛求疵、流言蜚语和抱怨嘲弄。也许有些人的确承受了巨大的压力，或者遭遇了公司极不公正的对待，但是这些都不能成为无休止抱怨的正当理由。

人在遭遇不公正待遇时，通常会产生种种抱怨情绪，甚至会采取一些消极对抗的行动，这是一种正常的心理反应。但是，如果我们从另外一个角度出发，用一种豁达乐观的心态来对待它，将这种不公正看作是对成功

者的一种考验又何妨呢?

工作中偶尔的抱怨是不可避免的,但是在一个企业内,员工抱怨太多了就容易形成抱怨文化。当一个人喋喋不休地抱怨时,就会引起周围人的注意。一旦出现有同感的话题,就会瓦解他人的积极想法,让其也情不自禁地加入到抱怨中来。可以说,抱怨像幽灵一样到处游荡、使人不安。

为了公司的健康成长,老板必然会大力整顿,找到抱怨的根源,毫不留情地给予清除。所以,抱怨让你厌倦了企业,同时也让企业厌倦了你。同时,抱怨会让你失去工作动力。心态消极、应付工作,结果业绩出不来,影响自己的发展,还影响团队的士气。

抱怨除了会引起老板对你的不满外,还会影响你与同事的关系。一肚子怨气的人,总是散发出一股天怒人怨的气息,让他人觉得,跟你相处老是有一块黑压压的云压在心头。而离开你,他们的天空就会慢慢放晴。于是,他们都不约而同地选择了疏远你。

过多的抱怨还会让人望而生畏。向别人抱怨自己遭受的不公,刚开始可能会有人表示同情,但抱怨经过无数次被重复之后,别人最初对你的那份同情就演化成了厌恶。试想,谁会真正同情一个见人就说"阿毛被狼吃了"的"祥林嫂"呢?

一个人要学会不抱怨,才能更成熟些。整日把抱怨当成业余爱好实在有伤大雅,把自己都说得浅薄了。整个世界在你的眼中糟糕透了,你在自己心里是最好的。你排斥了整个世界,整个世界也疏远了你。

抱怨反映出一个人心地狭窄,度量有限,喜欢计较小事。爱占小便宜的人抱怨特别多,因为他常常感到自己吃了亏。分任务,他希望比别人轻一些;有好处,他希望比别人多一些。而一个人在每件事上都占便宜是不可能的,于是心地狭窄的人每天都能看到自己吃亏的地方,每天都会有发不完的牢骚。

此外,抱怨还会加剧不良情绪,使人失去和困难作斗争的决心、信心和勇气。爱抱怨的人在抱怨之后,心情非但没轻松,反而变得更糟;压力不但没减少,反而增多了。越抱怨,就会发现值得抱怨的事情越来越多,然而,越花时间抱怨,越少时间改良。

当抱怨成为一种习惯之后,人很容易放大工作中负面的东西,甚至身边人的一个眼神、一句话都可以浮想联翩,进而感慨自己生存艰难,丧失对工作的热情，觉得一切希望都非常渺茫，最后成为工作中永远的失败者。

4

被剥削也是一种幸福

有许多员工认为自己正在遭受老板的压榨和奴役，而事实并非如此，真正压榨和奴役他们的是自己。拥有良好职业道德的员工懂得：资本从一出身就带有原罪，如果我们用这种原罪观来看待公司和老板，我们看到的永远是黑暗，永远是剥削。

一位长期经历失业痛苦折磨的人曾提出这样一个问题："世界上有善良无私的老板吗？"人们反问他："你是找慈善家吗？"

将老板当成慈善家，把过多的社会责任强加给老板，这是问题的症结所在。社会给予老板许多灿烂的光环，也给予老板许多偏见和苛求。但是，老板就是老板，是一个商业经营者，老板存在的意义不是为了给穷人募捐，不是给无家可归的人提供避难所——尽管他们能够做到。并且有许多人都在那样做，但这并不是他们的主要工作。他们的责任是不断创新，提供更多的就业机会，创造更多的利润使公司长期运转下去，使更多的人能够获得更多的生存机会。

之所以苛求老板，是因为人们对他们有着太高的期望。大多数老板并不是迫害狂，他们的目的是以最小的投入获得最大的利润。如果他们像慈善家一样，毫无原则地施舍，那么正常的企业经营就无法维持，就会有更多的人面临失业的危机。

老板是否在压榨员工，必须做认真仔细的分析。同样，员工也应该反省自己，是否尽到了个人的责任。因为懒惰而使自己受到更多的压力，是不能算压榨的。

雇佣和被雇佣的关系,剥削和被剥削的关系,是一个相当复杂的问题。当你意识到老板与员工永远无法找到完全一致的利益共同点时,思考问题的角度就应该做一些调整——基于现实的"心态调整"。

潘彩云,一个出身于农民家庭的普通打工者,在第四届全国民营企业"关爱员工实现双赢"活动中被评选为"2007年度全国热爱企业优秀员工"。"企业是老板的,更是大家的。我们是坐在同一条船上在大海中航行,如果认为船上的事只与船长有关,那这条船翻沉的时候自己只能跟着倒霉。有人认为工作是在被老板剥削,其实这样想想,能被剥削也是一种幸福。而且,这样带着感恩的心去工作,你就会全身心地投入到工作中去了。"潘彩云细细的声音中流露出的却是一份坚定。

从浙江诸暨农村到杭州打工,潘彩云最初的意愿非常简单——挣钱补贴家用。"我到三替公司时,虽然已经熟悉了家政服务,但我还是从头来,踏踏实实干活。是自己负责的服务,一定要一丝不苟地跟踪到底,以确保不出任何一个、哪怕是很细微的差错。我认真做好我的每一份工作,因为我懂得这并不是被剥削,而是自身价值的一种体现,这很显然是一件幸福的事情。"

带着农民的朴实与对公司的感恩,她完全把自己投入到工作当中,显示出不凡的责任感和感恩精神。由于干活认真负责,潘彩云很快就被公司提拔为钟点工领班。除了做好本职工作,她还积极参加各项培训,不断钻研业务,自创了一套清洁方法,在护理老人、护养小孩、家庭清洁等方面也有自己独到的见解。除此之外,她还将自己的经验毫无保留地传授给其他家政服务员,成为了三替家政服务员的实践教员。后来,潘彩云还被安排到三替家政服务有限公司的家政营业厅工作。但无论在哪个岗位,她都坚持厚道做人,以高度的责任心赢得别人的信任。

潘彩云为什么会取得如此大的成就,我们不难发现其中的奥秘。有些人整天生活在无端的抱怨中,说自己像奴隶一样被人剥削,他们的内心渐渐就产生了一种低人一等的心态,而变成了奴隶。其实,有工作便代表着你还有一定的价值,正如潘彩云所说"被剥削也是一种幸福",这时,你应该感激企业和你的老板。

如果你能够剖开心灵，审视自己的灵魂，就一定会发现，自己的思想里正隐藏着许多猥琐的欲望，这些欲望会导致你做出很多莽撞的举动。如果你能改正这些缺点，那么你就不再是奴隶，也没有人能够奴役你了。你要摆脱自私与狭隘的思想，去追求一种宽阔的境界。驱除自己正被老板压榨的思想，敞开心扉反省，你就会进一步认识到，伤害自己的其实就是你自己。

不要抱怨老板是利用你，剥削你来赚钱。如果你是一个公司的老板，你能说自己不会用同样的手段对待员工吗？一些人因为无法摆脱“被人压榨”的思想而消极怠工，自以为是对公司和老板的报复，却使自己陷入终身心理奴隶的牢笼中。在办公室、在商店、在农场甚至每一个地方，我们都能发现这种奴隶的存在。

当然，并非所有的老板都是善良的，职场中并非不存在剥削现象，在现实生活中我们到处能够看到那些克扣员工工资、超时加班而只给极低的报酬，甚至体罚员工等剥削现象。但是我们绝不能以点概面，认为“天下乌鸦一般黑”。

换个角度，如果没有人剥削你，意味着什么呢？意味着没有人雇用你，那将是多么悲惨的境地啊！同自然界一样，社会是彼此制约、相互依赖的整体。作为一名员工，接受老板管理是天经地义、无可厚非的。

5 多一分理解就多一次机会

为什么人们能够轻而易举地原谅一个陌生人的过失，却对自己的老板和上司耿耿于怀呢？

成功守则中最伟大的一条定律——待人如己,也就是凡事为他人着想,站在他人的立场上思考。这是优秀员工需要培养的一种道德品质:当你是一名雇员时,应该多考虑老板的难处,给老板多一些同情和理解;当自己成为一名老板时,则需要多考虑雇员的利益,多一些支持和鼓励。

这条黄金定律不仅仅是一种道德法则,它还是一种动力,推动整个工作环境的改善。当你试着待人如己,多替老板着想时,你身上就会散发出一种善意,影响和感染包括老板在内的周围的所有人。这种善意最终会回馈到你自己身上,如果今天你从老板那里得到一份同情和理解,很可能就是以前你在与人相处时遵守这条黄金定律所产生的连锁反应。

经营管理一家公司是件复杂的工作,会面临种种繁琐的问题。来自客户、来自公司内部巨大的压力,随时随地都会影响老板的情绪。要知道老板也是普通人,有自己的喜怒哀乐,有自己的缺陷。他之所以成为老板,并不是因为完美,而是因为有某种他人所不具备的天赋和才能。

因此,首先必须将老板看成是一个常人,需要用对待普通人的态度来对待老板。不仅如此,我们还应给予更多的同情与理解:没有了他们的努力和心血,不知又会有多少员工遭受失业和无家可归。

有一天,也许你也会成为老板,手下也有一批员工,那将会是一种什么样的情形呢?你不仅每天要不断接待各种各样的客户,而且还必须监督员工的工作表现。面对那些投机取巧、懒惰怠工、行为不检的员工,你必须绞尽脑汁,做猫捉老鼠的游戏,你会感觉到身心疲惫,甚至想放弃所有的努力。

当经济不景气时,你同样面临解聘员工的两难困境,当你将一个个情绪沮丧的倒霉蛋叫进办公室,表情凝重地关上门,对那些工作时毫不珍惜现在却全身发抖的员工说:“公司正在人事重整,我别无选择,只能请你离开。”当这些人精神崩溃,恳求再给他一次机会时,你又该如何应对?当他向你诉说久病缠身的父母、嗷嗷待哺的孩子,以及像雪片一样飞来的房租、汽车按揭和消费账单,当他用闪着泪光的眼睛凝视着你、乞求你的时候,你会说些什么?将角色互换,你会恍然大悟,这个游戏一点都不好玩。

因此,首先我们需要用对待普通人的态度来对待老板,不仅如此,我们更应该同情那些努力去经营一个大企业的人,他们不会因为下班的铃声而放下工作。

许多年轻人将自己不能获得提升的原因归咎于老板的不公平，认为老板任人唯亲、嫉贤妒能，不喜欢比自己聪明的雇员，甚至认为老板会阻碍有抱负的人获得成功。事实上，对于大多数老板而言，再也没有什么比缺乏合适的人才更让他苦恼的了，也没有什么比寻找合适的人选更让他焦心的了。

年轻人之所以产生这样的想法，也是以己度人，但是这个“己”是一个自私的、狭隘的，也就是所谓“以小人之心，度君子之腹”。事实上，从每一个员工第一天上班开始，老板就用心对他进行考察。他们会仔细衡量和分析他的能力、品格、习惯、人际关系、性情等等，只有当他认为一个年轻人缺少必要的能力，有一些不良的习惯和言行举止（包括认为老板无知）时，他才会认为这个年轻人没有前途。毕竟公司是自己苦心经营才发展起来的，在大多数情况下，他们不会因为自己的个人偏见而毁了整个事业。

因此，做员工的应该多反思自己的缺陷，给予老板更多的同情和理解，这是员工良好道德的基本要求。

也许老板并不是一个领情的人，但我们依然要设身处地为老板着想。因为同情和宽容是一种美德，在一个老板那里没有作用，并不意味着在所有老板那里都没有效果。退一步来说，如果我们能养成这样思考问题的习惯，我们起码能够得到内心的宽慰。

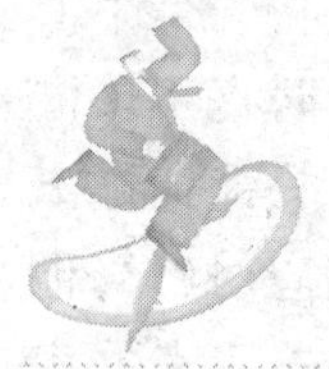

6

带着感恩的心去工作

感恩公司，就要把企业当成家一样，与公司同呼吸共命运，就要以主人翁心态，自动自发地工作。因为工作不仅仅为了企业，更为了这个“家”

的发展和壮大,只有“家”壮大了,才有员工的发展和壮大。

在日本企业中,员工就常以“我家”来称呼自己所工作的公司,在称呼对方的工作单位时也从不说“你们公司”,而是称呼“府上”。很多日本人都把公司看成是自己社会生活的一切或整个生命价值和意义的根源,感情色彩极为浓厚:他们无不对公司心存感激。而日本之所以能够成为一个经济强国,之所以能够拥有索尼、松下、本田这样国际知名的大企业,和员工们这种与公司同呼吸、共命运的主人翁精神是分不开的。而在内心树立“这是我们的公司”的意识,把自己放在公司主人翁的位置上,与公司风雨同舟,也是道德对员工提出的考验。

日本是一个经济强国,但日本经济发展有一个致命的软肋——能源。日本的能源完全依赖进口,在20世纪70年代,中东石油输出国实行石油禁运,日本遭受重大损失。1973年至1974年间,日本通货膨胀率高达25%,经济出现大幅度下滑。在这场灾难中,日本很多企业停产或破产,企业员工无所事事,很多人不得不暂时回家。那时,日本基本上实行的是终身雇佣制,回家等于休假或待岗。但是,回到家的员工根本没有心思待在家里,他们又陆续回到企业,清理车间,剪除杂草,或者干点别的事情,不管干什么,都比在家里闲着踏实。而且,他们并不是受他人指派才这么干的,而是自发的;不是为了赚钱,而是出于一直以来对公司的感激、忠诚和热爱,他们认为企业出现困难,自己有义务尽力帮助企业。有一位工人在接受记者采访时说,他回到家时,妻子训了他一顿:“公司遇到如此大的困难,你怎能安心待在家里呢?”

从进入公司的那一刻起,你就是公司的人了。这里不仅仅是你工作的场所,是你经济的来源,是你结交朋友的地方,也是你增长才干的学园,这里是你的家,每一个员工都应该对公司心存感激,每一位员工都应该把自己的命运和公司的命运牢牢绑在一起。

“把公司的事当成自己家的事干”,这是“以企为家”的主人翁精神的高度体现。在这个社会里,绝大多数人都必须从一个普通员工做起,开始自己的职业生涯,身在公司,你脑中就应该有一个信念——这里是我的家。然后不找任何借口,投入自己的忠诚和责任心,将身心彻底融入公司,尽职尽责,处处为公司着想。倘若如此,任何一个老板都会将你视为公司的宝贵财富。

“把公司的事当成自己家的事干”,就必须自动自发地工作。但许多企业都被这样的问题所困扰:员工总是不能够自动自发地工作。有些员工认为,做好自己分内的工作就够了,或者做完老板吩咐的事就可以交差了。这是因为,他们不懂得对自己的工作心存感激,认为老板付钱,自己出力,公平交易就行了。员工如果以这种心态对待公司,对待自己的工作就不会全力以赴去做该做的事,也不会像老板一样去思考,更不会像老板一样去行动,当然也不会像老板一样处处为公司着想。这样的员工也就别指望老板重用他、提升他,打工仔将是他永远的身份。

有良好职业道德的员工会感激自己能够得到这样一份工作,同时也很珍惜自己的工作机会,无论老板在不在,他们始终能够自动自发地工作。他们认为,“公司是我的,我就是公司的老板”。换言之,他们具有老板心态,什么是老板心态?你在这个企业工作,企业就是你的,你就是公司老板。无论你在哪家公司工作,都应该有一种主人翁的心态。正如英特尔前总裁安迪·葛洛夫在给加州大学伯克利分校毕业生发表演讲时所说的:“不管你在哪里工作,都别把自己当成员工,应该把公司看做自己开的一样。你应该想:这公司是我的,我要为它的繁荣和发展贡献自己的才智和心力。只要你以老板的心态去对待公司,以老板的心态去做好你所从事的工作,你就会在职场中慢慢成长起来,最后获得成功。”

谭丁是沃尔玛(中国)公司的总商品经理。从1995年沃尔玛(中国)公司开始筹备的时候,刚从上海交大毕业的谭丁就加入了这家世界级大公司。由于对采购工作没有任何经验,当时谭丁做得极其艰难,但是,她始终坚持一个原则:随时都要想着为公司争取最大的利益。

正是有了这种老板心态,她在工作中逐渐积累经验,掌握了谈判的要诀和技巧,同时注意把握考虑供货商的利益,终于打开了采购工作的局面。就这样,她从一个普通的采购员升任为助理采购经理,再到采购经理,到现在已经成为总商品经理。如今,她已经成为沃尔玛的TMAP计划培训人员,这个培训计划的目标就是培养接班人,可能是上一级主管,也可能是更高的管

理层。

一个以感恩心态和老板心态对待工作的人，无论在工作中遇到什么困难，都会时刻从公司的利益出发，以超强的毅力去完成自己的工作。

感恩公司，就应该站在老板的角度，像老板一样思考、像老板一样行动，像老板一样去考虑企业的成长，你就会把企业的事情看成是自己的事情，你就会知道什么是自己应该去做的、什么是自己不应该做的。反之，你会得过且过，不负责任，认为自己永远是打工者，出力流汗拿工钱，企业的命运与自己无关。然而，只有以老板的心态对待公司，你才会成为一个值得信赖的人、一个老板乐于雇用的人、一个能成为老板得力助手的人。因为一个为公司尽职尽责的人，往往已经把这份工作看成是自己的事业，一定会全力以赴，去完成自己所设定的目标。

只有对公司和工作心存感激，你才会具有主人翁精神，只有具有主人翁意识，你才可能成为具有良好职业道德的员工。而企业最需要的就是这种懂得感恩的具有良好职业道德的员工，因为他们无论什么时候都是和老板、和公司是一家人，他们永远不会失业。

7 感恩，成就人生的智慧

优秀的具有良好职业道德的员工应当有一颗感恩的心，带着一种感恩的心态工作，知恩图报，从而豁达开朗、积极向上。

怀着感恩的心工作你就会在意你的工作，在意你的老板、同事等；知道感恩的人，他的为人处世是主动积极、敬业乐群的，未来的前途不可限量，他们会成为公司的栋梁。这也是老板招聘人才的首要条件。

因此，你不要忘了感谢你周围的人，包括你的上司和同事。感谢给你提供机会的公司,因为他们了解你、支持你。大声说出你的感谢,让他们知道你感谢他们的信任和帮助。你是否曾经想过,用一种特殊的方式,告诉你的老板,你是多么热爱自己的工作,多么感谢从工作中获得的机会。这种深具创意的感谢方式,一定会让他注意到你,甚至可能提拔你。感恩是会传染的,老板也同样会以具体的方式来表达他的谢意,感谢你所提供的服务。其实感恩也是一种生活的智慧,一种处世的哲学,一种感恩的心态可以改变人的人生态度、工作态度。

在一次企业培训会上,一家保险公司的业务主任对员工们说:"拥有感恩的心实际上并不难,比如我们向一个陌生人问路,他给我们指了路,实际上,他完全可以不理会我们,但他居然给我们指了路。所以我们必须对他、对这个世界抱有感恩的心。"

对工作存有感激之情,可以改变一个人的一生。当我们清楚地意识到自己没有任何权利要求别人时,我们就会对周围的点滴关怀或任何工作机遇都抱有强烈的感恩之情。因为要竭力回报这个美好的世界,我们就会因此而竭力做好手中的工作,努力与周围的人快乐相处。结果,我们不仅工作得更加愉快,所获帮助也更多,工作也更出色。

哈佛大学毕业的华裔张小姐就业于美国邮政服务公司,与她相处过的同事都对她的微笑、善良和勤劳有深刻的印象。几乎每一个和她相处过的人都成为了她的朋友。

有人不解,就问张小姐有什么和人相处的秘诀。

张小姐微笑着说:"一切应该归功于我的父亲,很小的时候他就教导我,对周围任何人的赋予,都应该抱有感恩的心情,永远铭记,而尽快去忘记那些不快。"

"我幸运地获得了这份工作,有很多友善的同事,上司对我的要求很严格,但是私人生活方面对我却很照顾,所有的这一切,我都铭记在心,对他们心存感激。"

"一直带着这种感激的态度去工作,很快我就发现,一切都美好起来,一些不快也很快过去。我工作得很顺利,大家都很乐意帮助我。"

是的,同事更愿意帮助那些知恩图报的人,领导也更愿意提携那些一直对公司抱有感恩之心的员工,因为这些员工更容易相处,对工作更热

情,对公司更忠诚!

有些员工常常为一个陌生人的点滴帮助而感激不尽,却无视朝夕相处的让自己衣食无忧的企业与领导的种种恩惠,在有意无意当中把公司、把企业给予的一切当做是理所当然,甚至有时候还心生怨恨。这显然是还没有体会到感恩的真谛。

菲利普公司在一次招聘中两个年轻人脱颖而出,最后主考官单独约见了他们,问了他们同一个问题:

"你觉得以前你工作的那个公司怎么样?"

一个面试者抱怨说:"糟透了,同事们像一群吵闹的母鸡,主管简直就是一头嚎叫的驴子!真难以想象我在那里是怎么度过了两年!"

另外一个面试者说:"虽然是一家很小的公司,管理得也不是很规范,不过在我工作的那段时间里,学到了不少的东西,现在才有勇气坐在这里,我很感激原来工作的公司。"

最后录取的,当然是后者!

感恩是一种积极的心态,同时也是一种奉献的精神,当我们以一种知恩图报的心情去工作时,会工作得更愉快,也会更出色!甚至在公司面临暂时的经济困难时,你也要想办法帮助公司渡过难关。感恩不仅对公司老板有益,对其他人也同样有益,通过感恩,你会发现,感恩是内心情感的自然流露,它使你更积极、更有活力。

感恩是忠诚之母,对公司怀有感恩之情的员工,必然有一颗赤诚之心。附着于感恩之后的忠诚,是经得住考验的忠诚,带着这种忠诚的员工,才能对工作尽职尽责,对企业不离不弃。

如果一个员工有一颗感恩且忠诚的心,又有好的职业技能,那一定是企业之福,而这样的员工本身也一定是众人争相挖掘的财富。

杨帆高考落榜后去找工作,却因为学历太低而连连碰壁。这天,他又去一家公司面试,在等待面试的时间里,他没有像其他人一样聚在一起,而是拿起一本书坐在一旁看起来。这一切被老板看在眼里。面试中,老板问起他这个问题,他说,他没有别人的学历高,只有努力学习。为此,老板破格录取了他。听到这个消息,他高兴地连忙给老板鞠躬致谢,并说:"谢谢您给我这个机会，我一定会更加努力的。”

于是，在工作中，他怀着对老板的感激，抱着绝不能辜负老板对自己信任的想法，工作得比谁都努力。他努力做好自己的工作，虚心地向别人请教、学习，对每一个帮助过他的人都表示感谢。在做完自己的工作后，还主动去帮助别人。因为他的勤奋好学，为人热情，并懂得知恩图报，公司里大多数的人都愿意帮助他。当然，这并不能避免他工作没做好时要受到批评，或别人心情不好时成为出气筒，对此，他并不介意，他依然对此充满感激。他认为这是大家关心自己，在故意磨炼自己，只有这样自己才能进步，能力才能得到提升。

为此，一部分人说他太傻，被别人耍了都不知道。可是，就是杨帆的这股“傻”劲，给他换来了收获：三年后，他不仅拿到自学本科的学历，还得到了部门主管的任命。

我们每一个人都应该像杨帆一样用一颗感恩的心态去对待工作，只有这样，我们才能迸发出极大的工作热情，创造出不凡的工作业绩。因为感恩精神会激发你的积极心态，你的各种优秀品质也会在你的感恩心态之下而突显出来，驱动着你不断前进。

感恩的心态可以改变一个人的人生态度、工作态度。一位成功的拥有良好职业道德的职业人士说：“是一种感恩的心态成就了我的人生。当我清楚地意识到我没有任何权利要求别人时，我对周围的点滴关怀都怀抱强烈的感恩之情。我竭力要回报他们，我竭力要让他们快乐。结果，我不仅工作得更加愉快，所获得的帮助也更多，工作也更出色，我很快就获得了加薪升职的机会。”

因此，对于职场上的我们而言，感恩并不仅仅有利于公司和老板，而且它还会为我们带来更多更好的工作机会和成功机会。除此之外，它还赋予我们丰富的人生。感恩是一种深刻的感受，能够增强我们的个人魅力，开启神奇的力量之门，帮助我们挖掘出无穷的智慧。

第八章　众人划桨开大船:合作是员工职业晋升的阶梯

团结互助反映的是集体的友谊和凝聚力,是身为企业一员必须培养的一种职业道德。员工只有学会主动协调人与人之间的关系,与同事密切配合,齐心协力,才能最大限度地调动起团队的积极性与创造性。团结合作不仅是企业发展的巨大推手,更是员工在职场晋升的隐形阶梯。

1

合作是干好工作的基本前提

善于合作是员工职业道德的重要体现,也是员工做好岗位工作的基本前提。懂得这一道理的员工知道,如果没有他人的协助与合作,任何人都无法取得持久的成绩。当两个或两个以上的人在任何方面把自己联合起来,建立在和谐与谅解的基础上之后,这一联盟中的每一个人将因此倍增自己的成就和能力。

日本一位学者曾提出两个有趣的算式:5+5=10和5×5=25。

这两个算式看来平常,其实意义非凡:假设有两个人,他们的能力都是5,那么,两个人的能力加起来则等于10。如果他们互不交往,或者虽有交往却没有坦诚面谈和交流,那么他们的能力都不会有任何提高。这是5+5=10。

然而,如果他们相互协作,交流信息,便可能因为相互“感应”而产生思想“共振”,两种思想重新组合从而发挥出高于原来很多倍的效力。这就犹如5×5=25。

拥有良好职业道德的员工都是在优秀的团队中通过与他人协力合作而打造出来的。团队合作原本可以使团队发挥比相加更大的优势,它可以以乘积的形式放大个人的力量。

在职场中,有的人从不承认团队对自己的帮助,即使接受过帮助也认为这是团队的义务;有的人遇到困难喜欢一个人埋头苦干,从不和其他同事交流;有的人好大喜功,专做不在自己能力范围之内的事,还为此沾沾自喜。然而,这些都是员工不该有的表现,都是职业道德规范所不允许的行为。

一个人如果以这些态度对待所面对的团体,那么其前途必将是黯淡的。只有懂得与人合作的人才能取得大的成功。与人合作是员工必备的一种职业道德修养,它要求员工具有一定的团队意识。要让自己拥有团队意识,首先就要摒弃“独行侠”的思想,要和“狂妄”、“自视清高”、“刚愎自用”坚决作别,代之以“众人拾柴火焰高”、“众志成城”、“齐心协力”的合作思想。

英国历史学家艾瑞克·霍布斯邦说:“如果说20世纪是民族独立的世纪,那么21世纪是全面合作的时代,大到国家小到个人,都是如此。”事实证明,确实如此,现代人已越发地感觉到合作的重要。许多人很聪明却不能成功,往往就败在了与人的合作关系上。

有人做了这样一个实验:把6只猴子分别关在三间房里,每间两只,房间里分别放着一定量的食物,但放的位置高低不一。

第一间房的食物就放在地上,第二间房的食物分别从易到难悬挂于不同高度的适当位置,第三间房的食物悬挂于房顶。数日过后:第一间房里的猴子一死一伤,伤得缺了耳朵断了腿,奄奄一息;第三间房里的两只猴子都死了;只有第二间房里的两只猴子还活得好好的。

仔细观察和分析后发现:第一间房里的猴子一进房间看到了食物就马上开始争抢,大打出手,结果死的死,伤的伤;第三间房里的猴子虽然进行了努力,但由于食物实在是悬挂得太高,难度过大,实在够不着只能饿死了;只有第二间房里的猴子,先是凭借自己的本领蹦跳取食,随着食物悬挂高度的增加,难度增大,两只猴子开始采取合作的方法,一只猴子托着另一只猴子进行取食,这样,两只猴子每天都能取到食物,因此很好地活了下来。

其实,人与猴子在生存的法则上并无大异,必须懂得合作才可以生存。对于员工来说,合作就是必备的职业道德精神,是干好工作的基本前提。

现代社会化大生产是以分工协作为本质特征的。专业分工基础上的协同作业,是每个单元都需要共同打造并依托的体系。有效协同是这个每个人和部门顺利运转的关键。一个不懂得与他人协调、合作的员工,是难以在现代职场取得大成就的。

一个人的力量毕竟有限,个人的力量很难突破环境的限制。因此也有人说,一个人是一条虫,两个人甚至多个人才可能是一条龙。善于合作,每一个人都能从中获益,帮助的是参与合作的所有成员,而且每一次合作都会让我们的工作和事业向前一步发展。

一个人只有懂得合作的重要,才能最大程度地实现个人价值,绽放出完美绚丽的人生。也就是说,无论你从事什么领域的工作,只有利用团队的力量才能真正把工作做到最好。

井深大刚进索尼公司时,索尼还是一个只有20多人的小企业。但老板盛田昭夫却对他充满信心地说:"我知道你是一个优秀的电子技术专家,就像好钢要用在刀刃上一样,我要把你安排在最重要的岗位上,由你来全权负责新产品的研发怎么样?希望你能发挥最大的作用,充分地调动其他人。你这一步走好了,企业也就有希望了!"

"我?我还很不成熟,虽然我很愿意担此重任,但实在怕有负重托呀!"虽然井深大对自己的能力充满信心,但是他还是知道老板压给他的担子有多重,那绝对不是靠一个人的力量能应付过来的。

"新的领域对每个人都是陌生的,关键在于你要和大家联起手来,这才是你的强势所在!众人的智慧合起来,还能有什么困难不能战胜呢?"盛田昭夫非常自信地说。

井深大一下子豁然开朗:"对呀,我怎么光想自己?不是还有20多名员工吗,为什么不虚心向他们求教,和他们一同奋斗呢?"

他找到市场部的同事一同探讨销路不畅的问题,市场部的同事告诉他:"磁带录音机之所以不好销,一是太笨重,一台大约45公斤;二是价钱太贵,每台售价16万日元,一般人很难接受,半年也卖不出一台。您能不能往轻便和低廉上考虑?"井深大点头称是。

然后他又找到信息部的同事了解情况。信息部的人告诉他:“目前美国已采用晶体管生产技术,不但大大降低了成本,而且携带方便。我们建议您在这方面下工夫。”

“谢谢。我会朝着这方面努力的!”

在研制过程中,他又和生产第一线的工人团结合作,终于一同攻克了一道道难关。1954 年,索尼公司成功试制出日本最早的晶体管收音机,并成功推向市场。索尼公司由此开始了企业发展的新纪元!

井深大在企业中充分发挥了合作的作用,调动了每一个员工的积极性,把团队的力量发挥到了极致,终于取得了伟大的成就,而他自己也荣升为索尼公司的副总裁。

团队是制胜的堡垒,是员工个人取得事业成功的基石。特别是当今时代,随着企业规模的日益庞大,企业内部分工也越来越细,任何人,不管他多么优秀,想仅仅靠个体的力量来左右整个企业都是不可能的。所以,现在世界上各大优秀企业,包括世界 500 强这样的顶级企业,无不强调员工要具有良好的团队精神。固守“独行侠”的观念者必将到处碰壁。

2 互助互利与公司共同成长

每个人的工作都需要得到同事的支持和认可,而不是反对,所以必须让大家喜欢同你合作。聪明的员工懂得培养自己与人合作的能力,认识到这是职业道德的根本,因此他们注意培养与同事之间的感情,尽量去适应同事们,把自己看成他们中的一员,时时处处与他们保持一致,经常跟同事分享对工作的看法,乐意听取和接受他人的意见,这样的员工是受所有人欢迎的员工。

一只乌鸦在觅食时看见一只猫头鹰飞了过来。大白天见到猫头鹰真是一件怪事，于是乌鸦便问道："猫头鹰老弟，你怎么这么匆忙，要赶去哪里呀？"

猫头鹰说："我呀，正在搬家呢！我要搬到西边的树林里去。"

乌鸦感到不理解，便问："好好的搬什么家呀？"

猫头鹰回答说："你哪里知道我的苦衷啊。我喜欢在夜里唱歌，东边的动物都讨厌我。它们嫌我不睡觉，还说我的歌声难听，吵得它们不能安心睡觉。我不跟它们一般见识，所以就主动往西边的树林里搬。"

乌鸦一听明白了，于是对猫头鹰说："你就是搬到西边的树林里，不久还会被再一次赶出来。说起来咱俩的遭遇还真有点相似，我以前也爱唱歌，虽说不像你那样在夜里，但也同样得罪了不少动物。后来我想明白了，这不怪它们，错全在我自己。就拿你来说吧，你本来可以白天工作，晚上睡觉，和其他动物一样。如果尝试过后觉得不行，你还可以在晚上不唱歌了，真是一时嘴痒想一展歌喉，那就尽量唱一些轻柔好听的歌。如果这三个本质问题能得到解决的话，你就会受到欢迎，根本用不着到处搬家。"

乌鸦算得上一位智者了，几句话就道破了建立良好人际关系的真谛。其实要处理好与同事间的关系，宽容、友好、适应别人，就是秘诀。

在工作中，有一些员工常会对有的人抱有成见，不想理会他，不想和他交往。可是，为了工作，你又必须与之来往。你不仅要能与自己脾气相投的同事来往，更要能与自己性格迥异、爱好背离甚至文化程度不同、年龄悬殊者友好相处。工作上产生的人际关系，不能从"择友而交"这个角度考虑，而应当从工作需要去考虑。

人们都有自己的兴趣、习惯以及不同他人的生活方式、思维方式。和你不喜欢的人交往，心理上难免出现障碍，你既然不能避而远之，就必须正视并设法寻找解决问题的方式。

一个良好的团队，大家通力协作，共同努力，取得的任何成绩当然也

是属于大家的,成功当然也属于整个团队。就算是某个人取得了更大的成就,也千万不要忘了一起拼搏努力的其他团队成员,与他们一起分享成功的喜悦。只有分享,才能共赢。不懂得分享的人,只能共苦不能同甘的人,最终会被大家所唾弃,所不齿,被大家孤立,被大家远离。

一个团队的优秀体现在哪里?就体现在超强的凝聚力上。凝聚力是对团队和成员之间的关系而言的,表现为团队强烈的归属感和一体性,每个团队成员都能强烈感受到自己是团队中的一分子,把个人工作和团队目标联系在一起,对团队表现出一种忠诚,对团队的业绩表现出一种荣誉感,对团队的成功表现出一种骄傲,对团队的困境表现出一种忧虑。这样的员工才是真正具有合作精神、懂得分享的员工。

3 团队的力量无穷大

众人拾柴火焰高,团队的力量无穷大,这是每个人都懂得的道理,但只有拥有良好职业道德的员工才能在职场中实现这一力量的无穷放大。而且,不仅仅是职场,这在任何一个团队中都是如此。

第二次世界大战期间一次惊心动魄的"大逃亡",可谓是团队协作的完美典范,此次活动任务之艰巨,涉及范围之广,令人难以想象。

在德国柏林东南部有一个德军战俘营。为了逃脱纳粹的魔爪,250多名战俘准备越狱。在纳粹的严密控制之下实施越狱计划,要求每个战俘最大限度地合作,才能确保成功。为此,他们进行了明确的分工。

越狱是一件非常复杂的事。首先要挖地道,而挖地道和隐藏地道极为困难。战俘们一起设计地道,动工挖土,拆下床板、木条支撑地道。处理湿泥土的方式更加令人惊叹,他们用自制的风箱给地道通风吹干泥土。他们还制作了在坑道运土的轨道和手推车,在狭窄的坑道里铺上了照明电线。所动用的工具和材料之多令人难以置信:5000张床板、1250根木条、2100个篮子、71张长桌子、5180把刀、60把铁锹、700英尺绳子、2000英尺电线,还有许多其他的东西。为了寻找和弄到这些东西,他们绞尽了脑汁。此外,每个人还需要普通的衣服、纳粹通行证和身份证以及地图、指南针和干粮等一切可以用得上的东西。担任此项任务的战俘不断弄来任何可能有用的东西,其他人则有步骤、坚持不懈地贿赂甚至讹诈看守。

每人都有明确的分工:做裁缝,做铁匠,当扒手,伪造证件,他们日复一日地秘密工作,甚至组织了一支掩护队,分散德国哨兵的注意力。纳粹雇佣了许多秘密看守,混入战俘营,专门防止越狱,所以掩护队还要负责"安全问题"。掩护队监视每个秘密看守,一旦有看守接近,就悄悄地发信号给其他战俘、岗哨和工程队员。

这一切工作,由于众人的密切协作,在一年多的时间内竟然躲过了纳粹的严密监视。他们成功地完成了这一切,最终获得了自由。

俗话说:"一个篱笆三个桩,一个好汉三个帮。"古今中外单凭个人的力量能称王的,没有见到过。只有团结协作、齐心协力才能最终成功。刘邦用得张良、韩信、萧何,得以创建帝业;刘备用得孔明、关羽、张飞、赵云,得以三足鼎立天下;宋江是一遇大事就手足无措,不知"如何是好"的主子,幸好有梁山一百多位兄弟"哥哥休要惊慌"的辅佐,才能占据八百里水泊;唐三藏的取经,没有孙悟空一路的降妖伏魔,猪八戒、沙和尚的鞍前马后,岂能取得真经,普度众生?这些目标的实现都是团结和合作的力量。

保罗·盖蒂说:"我宁要一百个人的1%,不要一个人的100%。"因为他知道,一个人的100%永远比不上100个人的1%。

4 宽容与分享让你更快成长

作为一名团队中的个体，懂得宽容与分享是员工必备的职业素质。只有把自己融入到整个团队之中，凭借集体的力量，才能把个人的力量发挥到最大，才能无限放大个人的能力，并最终和团队一起取得惊人的成绩。

佛家有一个很著名的故事：

一天，佛祖释迦牟尼问众弟子："给你一滴水，怎样让它不干？"众弟子面面相觑，不知该如何作答。

佛祖说："把它放进大海里吧！"

的确，单独的一滴水，连存在都很困难，更别说要有所作为了。但是把它融入大海，就可以借助大海的力量去创造奇迹，和大海一起掀起滔天巨浪，无所不能。

每一个人也是一样，个人的力量终归是有限的，只有把自己很好地和团队融为一体，才能让自己得到最好的发展。

这就好比一盘散沙，尽管它金黄发亮，也仍然没有太大的作用。但是如果建筑员工把它掺在水泥中，就能成为建造高楼大厦的水泥板和水泥墩柱；如果化工厂的员工把它烧结冷却，它就变成晶莹透明的玻璃。单个人犹如沙粒，只有与人合作，才会起到意想不到的变化，成为不可思议的有用之才。一个人只有学会与人合作，掌握这种能力，才能让自己的事业不断向前。

在美国，一位教授曾对1500名获得了杰出成就的人物进行调查和研究，结果表明他们具有某些相似的特点，其中之一就是具有团队合作精神，决不因个人利益而破坏集体利益。团队造就个人，个人成就团队，个人与团队是分不开的。没有团队的成功，就没有个人的成功。

要融入团队，就要在工作中保持谦逊，培养团队合作意识。无论你的能力多么出众，多么受上级的赞赏与肯定，都应保持谦逊，切莫在同事面前炫耀功绩，恃才傲物。要知道只有团队的支持和帮助才能成就你，没有人可以完全不借助他人的力量而获得成功，任何任务的完成都是大家团结协作的结果。

在个人利益与团队利益发生冲突时，要以团队利益为重。因为个人只是团队的一分子，个人的存在是以团队为前提的。有了团队利益，才会有个人利益；反之，团队没有了存在的价值，个人就失去了生存的环境。

融入团队也是一个双向的过程，就要让团队接受自己，自己也要接受所在的团队。这就要求每一个人要淡化自己的个性，形成统一的团队意识。只有融入团队才能更好地发挥自己的才华，取得成功。不能融入团队，必然对自己的前途产生影响，有时甚至不得不重新再去找工作，这样付出的代价显然太高了。

刘军是一名营销专业的大学生，他不仅长得帅，还能说会道，口才不错。毕业后，他在一家大型健身会所当业务员。工作没多久，由于他各方面的优势，很快就做出了业绩，深得老板赏识。

照理说，刘军是很有前途的，但他有个致命的缺陷，就是不能和同事合作。一天，同事杜涛问刘军："你待会儿有没有时间？我刚联系到一个客户，是个大客户，打算一次性办三年的健身卡。我怕自己口才不大好'攻'不下来，想请你帮忙，以便拿下这个客户。""我待会儿也要接待一个客户。"刘军冷冷地说。但是那天下午，刘军却一直在发传单，并没有与客户洽谈。杜涛看到后心里非常愤恨，一心想团结周围的"兄弟"们把刘军"开除"出去。

不久后，刘军也遇到了工作上的困难，因为感冒，他几天都无法接待办卡客户，便赶紧打电话请杜涛他们帮忙接待一下。杜涛想起了他以前的冷漠，便以牙还牙，而其他同事也对刘军的客户爱理不理。几天后，刘军感冒好了，回到公司后发现业绩损失很大，于是对同事们产生了更大的怨恨，更加不愿意帮周围人的忙，和杜涛等人的关系一直处于紧张状态。就这样，刘军与同

事之间的人际关系形成恶性循环,业绩一步步下滑。他感受不到一点快乐,每次进会所都倍感压抑,最后只得无奈地选择了离开。

刘军的"离开",再一次印证了一个道理:不能与团队融合,就不能在职场混下去,只有团队的力量才是无穷大的,个人能力与之相比简直是沧海一粟。那种只顾自己、不顾别人的员工,是不会受老板和同事的欢迎的。想要得到同事的认可、上司的欢迎,除了努力工作之外,团队精神不可或缺。如果刘军一开始就能够和同事们配合好,在杜涛需要帮助时主动帮忙,那么他的最终结果就不会那样无奈。所以,对于职场人员来说,从进入公司的第一天就应该注重团队精神的培养,把自己融入到团队中去,学会配合上司与同事,赢得他们的配合,才能与团队一起成功,与同事共同成长。

因此,只有懂得宽容与分享的人才能取得大的成功。融入团队就像给自己插上了翅膀,广阔天空将任你翱翔。从现在开始培养你的团队意识吧,因为只有团队的力量才是无穷大的。

5

让自己充分融入到团队中去

古语说:"独木不成林,单丝不成线。"可见,个人的力量是有限的,一个人力量再强大也不可能有大成就。任何伟大的事业都不是靠自己一个人做大的,合作是成就伟大事业的基本原则,而且可能是成就伟业的唯一途径,因为合作的10%通常大于自己单打独斗的100%!也就是说,如果你的目标远大的话,合作是必然的方式。所以,我们必须培养自己的合作精神。学会合作,善于合作,这是现代员工的必备品格,也是一个合格员工的基本道德修养。

一根筷子和一把筷子的故事众人皆知,其中的哲理更值得我们去思考,去体悟,去实践。

一位老人身患重病,留给他的时间已经不多了,在临终前他把三个儿子叫到了床前,他手中拿着一根筷子对三个儿子说:“孩子们,有谁可以把这根筷子折断?”

老大接过筷子,轻轻一用力,筷子“啪”的一声就被折断了。

老人又拿起了两根筷子说:“这个你们谁来试试?”

老二接过爸爸手中的两根筷子,稍一用力筷子就被折断了。老人拿出了三根筷子对他的三儿子说:“老三,这个你来试试吧!”

老三接过爸爸手中的筷子,一用力筷子也被折断了。等老三折断筷子后,老人拿出了一把筷子说:“你们再试试这个?”

老大接过了爸爸手中的一把筷子,用尽了全身的力量也没有将筷子折断,他说:“我的力气没有老二的力气大,老二你来试试吧!”

老二也没能把筷子折断,他把筷子交给了老三,结果还是一样,没有人能把这一把筷子折断。

老人看了看三个儿子对他们说:“孩子们,这就是团结的力量,你们一定要团结,让手足情意把你们拧成一根绳,这样,任何人和困难都打不倒你们。”

没过多久,这位老人离开了人世,三个儿子在整理爸爸的遗物时,发现了他留下的一大笔遗产,与此同时也招来了很多麻烦,有个债主要扣留遗产,还有一个邻居要为土地和他们打官司。

一开始,三个兄弟还能在一起协商处理事情,但过了一段时间后,他们就因为所获利益产生了纠纷。三个兄弟开始互相算计对方,他们的财产都被债主和邻居占去了。这时候,三兄弟才终于明白父亲的话,他们不再吵闹,不再争斗,而是紧紧地团结起来,通力合作,各自发挥所长,终于夺回了自己的财产,过起了幸福的生活。

在这个古老故事中蕴含的哲理从来没有因为故事的久远而稍减——团结就是力量,合作才能得胜!这也是许多动物都明白的道理。

大雁它们常常会排成V字形飞行。为什么是V字形呢?

因为每一只大雁在振翅飞行时,都会激荡起周围的空气,这对于紧跟在它后面的同伴是非常有利的,能帮着省力。据科学测算,成群的大雁以V字形飞行,比一只大雁单独飞行能多飞20%的距离。因此,大雁会排成V字长队,彼此借力。但是,为首的大雁因为前面没有同伴就不能省力。于是,它们便定期变换领头者,以此形成互惠互利的合作局面。

现代社会作为一个高度分工的社会,更是如此,流程化作业、精细化分工和分解式劳动使分工和合作正成为我们这个时代的主流。因为这种分解,复杂的事情变得越来越简单,简单的事情变得越来越很容易,我们做事的效率也倍增,世界正逐步向简单化、专业化、标准化发展,于是合作的方式就理所当然地成为了这个时代的主流。

非洲草原几只瘦弱矮小的鬣狗能把一匹高大的斑马打败,最终变成了它们的盘中餐。就因为三只小鬣狗深明合作起来力量大的道理:一只鬣狗咬住斑马的尾巴,任凭斑马如何甩动尾巴,也死死咬住不放;另一只鬣狗咬住斑马的耳朵,任凭斑马如何摇头,也绝不松口;第三只稍显强壮的鬣狗咬住斑马的一条腿,任凭斑马如何踢腾,一点也不敢懈怠。在三只鬣狗的齐心攻击下,"庞然大物"斑马终于体力不支瘫倒在地,成为三只鬣狗的盘中餐。

合作可以产生一加一大于二的倍增效果。据统计,诺贝尔获奖项目中,因协作获奖的占2/3以上。在诺贝尔奖设立的前25年,合作奖占41%,而现在则跃居80%。

任何岗位都只是链条上的一环,脱离集体的岗位是不存在的,岗位的生命力是团队赋予的。比如,狼的生命力很强,这是因为它们是最具有团队精神的动物,没有哪匹狼可以脱离狼群而长久地独自生存下去。

一个弥勒和韦陀的故事也说明了合作力量大的道理。

去过庙里的人都知道,一进庙门,首先是弥勒佛,笑脸迎客,而在他的北面,则是黑口黑脸的韦陀。但是据说在很久以前,他们俩并不在一座庙里，而是分管不同的庙。弥勒佛热情待客，来的客人多，但他丢三落四，没有管好账，所以庙里入不敷出，越来越破。韦陀的庙里呢，账是管得好，但他的一副阴沉沉的黑脸，却让人不敢来朝拜，也是香火越来越少了，眼看支撑不下去了。佛祖发现了这个问题，就让他们两人合作管一个庙，这下子弥勒佛笑迎八方客，韦陀严管财务，庙里香火鼎盛，一派欣欣向荣的景象。

现代社会分工越来越细，因而合作也越来越重要。经营企业和照看好庙一样，既要有热情迎客的弥勒佛，也要有严肃认真的韦陀，只有大家通力合作，才能让企业欣欣向荣。

在现代社会化大生产的时代，已经没有孤立的岗位和工作，也不需要孤立的岗位和工作了，我们需要的是由相互联系、相互制约的若干部分组成的整体，这样分散的整体经过优化设计后，整体功能能够大于部分之和，产生 1＋1＞2 的效果。

所以，合作不仅是员工必备的一种职业能力，更是一种适应时代的能力，是一种体察环境的睿智，是一种大气磅礴的职场道德。

6

用真诚的心与人完美合作

如果说工作是一部大机器，员工就好比是每个零件，只有各个零件凝聚成一股力量，这台机器才可能正常启动，只有每一个员工的完美合作，才能有企业的最终成功。

团队成员的协作贯穿到每一件工作中，无时不在。很多员工都具有团队意识和合作精神，但总是无法与同事很好地协作，特别是一些刚刚工作的员工，更是因为这个而深深苦恼。其实，要与同事建立完美的协作关系，秘诀只有一个：真诚。

是的，就是真诚。真诚是天底下打开心门的唯一一把钥匙，也是员工不可缺少的一种职业道德。如果你拥有真诚，以真诚之心对同事，用真诚之心对工作，你一定可以如鱼得水、八面玲珑。我们看一看一位职场新人的自述：

都说北京找工作多难，对我来说真没感觉。来北京参加的第一次招聘会，就有一家挺知名的外企通知我面试。当时北京的朋友说进这家公司，凭我的学校背景和学历希望不大，我就抱着“谋事在人，成事在天”的心理去了。到了这家公司的人力资源部，他们先问了我一些基本情况，那个人力资源部的主任就拿着我的简历问我：“我看你有些专业课成绩很高嘛，你的古代文学是 90 多分，还有现代汉语。”我笑了笑说：“当时就是按老师说的重点背就是了，差不多都是死记硬背，现在让我再背什么唐诗宋词我也背不上来。”“你倒说实话。”他也笑了。

出乎意料这家公司聘用了我，后来和那位人力资源部主任一起吃饭，他说：“你知道为什么选你吗？因为我当时觉得你很实在，很真诚，没有那么多心机。”

真诚的心是在职场、在官场甚至在所有的场合都畅通无阻的万能通行证。与同事的合作也是一样，如果拥有的是真诚，一定会有真诚的回报，虚情假意或者偷奸耍滑都不是合作的态度。唯有真诚合作，才能赢得真正的成功。

柳伟是一家文化公司的策划，很有才华，他的不足之处就是有些恃才傲物，常常对老板的一些方案颇多微词，有种不屑的感觉。但碍于情面，他又从来不当面向老板提出自己的建设性意见。这种情况很快被老板知道得一清二楚，专门找他谈话，客气而委婉地让他有什么想法不妨直言，并拿出一个方案和他探讨。这时，柳伟说：“老板，你的创意很不错，尽善尽美。”老板沉下脸说：“柳伟，我请你来是做‘高参’的，不是做‘好好’先生的。你很有才华，但我们公司是一个集体，你只有融入这个集体，才能将才华发挥出来，我们大家也才能将公司发展起来。你这样的工作思路以后还怎么帮助公司发展啊?"经过一段时间的心态调整,柳伟听从了老板的建议,敞开心扉,真诚相对,很快就针对那天老板的方案提出了一个好建议,获得了老板的赞许。此后柳伟不断发挥创造性,积极配合老板和其他同事提出有建设性的建议。一年后,他被老板提升为策划部总监。

真诚是道德的底线,是合作的基石,也是成功的前提。当你对一个人真诚的微笑,他也会对你报以真诚的微笑,当一个团队的成员都能互相报以真诚的微笑时,我们会发现,每个人和整个组织都获得了一种无与伦比的力量。它使团队的空气充满激情,它使我们的工作不再枯燥和乏味,它使艰巨的目标不再高不可攀,它使我们拥有了坚不可摧的信心和意志,使我们去克服重重困难,并取得以前无法想象的惊人成就。因此,每个成员都要真正的以一颗真诚无欺的心,与己为善,与人为善,才能快乐的工作,完美地合作,从而为员工、为客户和社会创造价值,从而推动企业的成长和发展。

发自内心的,才能深入内心,只有内心的真诚,才能取得真正的共鸣,才能真正得到大家的认可,才能完美地合作,在团队成功的同时,也为每一个团队成员的成功添彩。

第九章　你可以做得更好:进取成就员工的卓越

每个人都希望能够实现自身的价值,但总难免遭遇挫折后的疲惫与急功近利后的无奈。然而,作为职场中人,必须具有勇于向更高目标挑战、失败后不气馁的进取精神。拿破仑“不想当将军的士兵不是好士兵”的经典名句也可以印证员工必须具备积极向上品德的重要。

1

唯有进取方能摆脱平庸

一个安于现状的人，必然是不思进取、得过且过、面对困难挫折缺乏自信和坚忍的人。然而，面对人生的机遇和挑战，缺乏勇气和魄力，最后必然渐渐流于平庸。试想一下，你会喜欢与这样的人结交吗？而如果你是一个企业的主管或老板，你会需要这样的下属或员工吗？是的，积极进取不仅是员工良好职业道德的一个重要方面，也是员工走向卓越的资本。

安于现状，是一条注定会越走越窄的路：对于还未进入社会或刚刚准备进入社会的人，他的应聘就业之途已注定堪忧，他的平庸气质必然会被面试考官所感觉到，既而不愿给他机会；而对于已经在社会、事业中摸爬滚打的人，他的前途也已隐约可见。

有句话说得好："成功取决于你的成功动机。"一个不渴望成功的人，又怎么会成功呢？在这样一个人人都在时刻奔跑的时代，原地踏步或是满足于当下，其实已经等于在时刻后退，因此，如果你不想被社会、生活所落下，乃至被淘汰出局，那么从现在起，你就应该奋力进取，让自己时刻处于前进的状态。

惠普公司董事长兼首席执行官卡莉·费奥莉纳从秘书工作开始职业生涯，她是如何提升自我价值，一步步走向成功，并最终从男性主宰的权力世界中脱颖而出的呢？答案就是不断地在工作中学习。

卡莉·费奥莉纳学过法律，也学过历史和哲学，但这些都不是她最终成为"全球第一 CEO"的条件。卡莉·费奥莉纳并非

技术出身,在惠普这样一家以技术创新而领先的公司里,她只有通过不断学习才能达到。

她说:“不断学习是一个CEO成功的最基本因素。这里说的不断学习,是在工作中不断总结过去的经验,不断适应新的环境和新的变化,不断体会更好的工作方法和效率。我刚开始工作的时候,也做过一些不起眼的工作,但我还是从自己的兴趣出发,找最适合的岗位。因为,只有我的工作与我的兴趣相吻合,我才能最大限度地在工作中学习新的知识和经验。在惠普,不只是我需要在工作中不断学习,整个惠普都有鼓励员工学习的机制,每过一段时间,大家就会坐在一起,相互交流,了解对方和整个公司的动态,了解业界新的动向。这些小事情,是保证大家步伐紧跟时代,在工作中不断自我更新的好办法。”

职业生涯没有一通到底的通行证,作为一名员工,任何时候,充电都是必须的。不论处在职业生涯的哪个阶段,学习的脚步都不能停止,都必须不断学习,不断提高自己的实际工作能力,以获得职场的更好发展。

埃里克·霍弗深信:“在瞬息万变的世界里,唯有虚心学习的人才能掌握未来。自认为学识广博的人往往只会停滞不前,结果所具备的技能没过多久就成了不合时宜的老古董。”

然而在企业中,经验丰富和业绩突出常成为员工学习的两大障碍。那些能力超群、充满自信的成功人士,由于他们经历了太多的事情,获得了太多的成功,很少能够有人使他们怀疑自己。但他没有想到,还有一种规律,就是当你感觉成功的时候,失败可能正在开始。在一个竞争不太激烈的环境里,你可能为暂时的成功陶醉一年而无人超越你,但是,在今天这样一个竞争如同战争的时代,你只要陶醉一分钟就有可能失败。

如果把整个世界比做一个大的竞技场的话,那么每一个人从出生那天起,就投入到了比赛中,比学习成绩,比工作业绩,比事业成就……而最后获取成功的人,总是那些不安于现状、时刻保有进取之心的人。

进取心是摆脱平庸的最佳手段。一个人一旦形成不断自我激励、始终向着更高境界前进的习惯,他身上被鼓励、被培养的品质就会生长,身上所有的不良品质和坏习惯都会逐渐消失,从而让自己朝着一个更好的方向发展。

约翰·伍迪是一位成功的体育教练。年轻时,他多次参加奥运会,累计得过10枚金牌。在他执教的20多年里,又培养了11位拿过世界冠军的运动员。在一次训练中,一个学生曾问他:"你认为一个人要成功,最重要的是什么?"

"不安于现状,永远追求新高度。"约翰·伍迪认为,作为一个运动员,在其成长过程中,会经历很多阶段,在任何一个阶段安于现状,都可能导致运动生涯的终止。如果一个运动员只满足于取得地区冠军,那他绝对不可能取得全国冠军;如果他只满足于取得全国冠军,那他绝对不可能取得世界冠军;如果他只满足于取得这一项世界冠军,那他绝不可能取得下一项世界冠军。"生命不息,奋斗不止,我经常这样教导我的队员。"约翰·伍迪说。

"人生有涯,而知识无涯。"不管你多能干,曾有过怎样的辉煌,你都必须对职业生涯的成长不断投入心力、物力,学习、学习、再学习。所谓"不进则退",你一旦拒绝学习,你所拥有的知识就会迅速贬值,转眼之间你就会被抛在后面,被前进的时代浪潮所吞没。只有抱着终生学习的心态,不断追寻各个领域的新知识、新技能,你才能更好地发挥自己的才能,让工作保持在巅峰状态。

每个人的身上都蕴藏着无限的潜能。一个人如果不满足自己的现状,拼命改变自己的命运,那么他的才能必然能不断地有所长进;如果他能在心中给自己定一个较高的标准,激励自己不断超越自我,就必然能超越平庸,走向卓越。

2 把目标定在更前方

生命的价值,在于不断地超越自己。只有不断地超越自己,才能保持

精神的饱满,迎接新的挑战;只有不断地超越自己,才能让你的明天更美好;只有不断地超越自己,才能让你的生命越来越有价值;只有不断地超越自己才能让道德维持在一个较高水平。超越自己,就是不断地扬弃,不断地否定、认识自己、挑战自己,进而不断地延伸、不断地创新、不断地跨越。那些优秀的拥有良好职业道德的人总是在不断超越着自我,他们的目标总是在更前方的位置,因而他们更容易收获成功。

那些成功的人时刻提醒自己:“我不要做一个普通人,我要超越!超越我那看来有限的自己。”正是在这种对自己的不满和努力下,他们将自己提升了,且随着不断地提升、不断地超越,他们创造出了更辉煌的成就!

> 2008 年奥运会让我们看到了超越的力量。绰号“巴尔的摩子弹”、“水怪”和“飞鱼”的美国游泳名将菲尔普斯,在 2004 年雅典奥运会上一人包揽 6 块金牌,成为雅典奥运会夺金最多的人。而在 2008 年奥运会上,他一举拿下 8 枚金牌,连破八项世界纪录,顺利地实现了超越自己的梦想。“破世界纪录专业户”、俄罗斯选手伊辛巴耶娃以 5.05 米的成绩第 24 次打破由自己创造的女子撑杆跳高世界纪录,更是让我们看到了超越的魅力。

金牌,对他们来说或许只代表着已取得的成绩,而挑战自我、战胜自己,并不断超越自我才是人生中的永恒命题。美国游泳名将埃文斯曾说:“我不把新纪录看得那么重,它只能说明过去,刚刚问世就可能被人打破,竞争时时刻刻存在,我一点也不敢懈怠。”只有敏锐地警觉到自己的无知、力量的不足,才能力图突破这种限制,不断地进步并超越自我,才能一步又一步地迈向成功。

人就是要不断地提升自己,不断地超越自己,朝着更好更高的目标不断努力。斯图尔得·约翰逊告诉我们:“我们人生的志向并不是超越别人,而是在于超越自己——刷新自己的纪录,以今日更新更好的表现凌驾于昨天的成绩之上。”

超越竞争者是一种能力,超越自己更是一种道德精神。人生在世,最大的敌人不一定是外来的,而可能是我们自己!人生就像登山,也许峰顶的目标看起来高不可攀,但每向前一步,距离目标就更近一步。不要去攀比其他的登山者,踏踏实实地走好自己的路,只要真诚付出了努力,每一步都是一个胜利的超越,都是对自己原始记录的刷新。

在知识技术一日千里的时代里,在日新月异的知识更新的过程里,你更是要时刻想着超越自己。因为,你今天觉得很实用的学问在明天一觉醒来可能就被淘汰,任何自满情绪都是导致失败的不良因素。因此,你必须戒除这种不良心态,营造一种永远渴求新知识的学习心态,不断用新知识新技术武装自己,不断增强能力、提高素质,才是正确的态度。

歌德曾说:“人不是靠他生下来拥有的一切,而是靠从学习中得到的一切来造就自己。”同样,有位成功人士说的话也很值得借鉴:“成功的路上,没有止境,但永远存在险境;没有满足,却永远存在不足。在成功路上立足的根本就是:学习、学习、再学习!”

成功没有终点,要想终生取得成功,就必须在突破短期目标的终点后,继续追求新的挑战以及更大的满足,并且将此融入生活中。

杰出人物从不满足于他们已经取得的成就。随着他们的进步,他们的标准会越定越高,随着他们眼界的开阔他们的进取心会逐渐增长。对于比尔·盖茨来说,如果他仅仅希望开一个小公司赚点钱,那么他在20岁时就已经实现了这个目标;如果成为世界上最有钱的人是他的最高理想,早在32岁时他也已经实现了这个目标。如果没有不断超越自我的志向,他在年轻时就可能醉心于自己的伟大成就而止步不前了。凡是事业有成的人皆是如此,他们会将毕生的精力致力于更高的追求,不断追求新的技能以及优势的开发。

因此,不管你在什么行业,拥有什么样的技能,处在什么样的职位,拥有多高的薪水,作为一个员工,你都应时刻告诉自己:“要做进取者,我的位置应在更高处。”只有时刻追寻更高的目标,你才能获得其他甘于平庸者无法企及的成长,你才会显得卓尔不群,拥有更多实现自我价值的机会。

富兰克林人寿保险公司前总经理贝克则说:“我敦劝你们要永不满足,这个不满足的含义是指上进心的不满足,这个不满足在世界的历史中已经导致了很多真正的进步和改革。我希望你们不要满足,我希望你们永远迫切地感到不仅需要改进和提高你们自己,而且需要改进和提高你们周围的世界。”

人生就如一条奔腾不息的河流,永远不会停留在一个地方,也不会停留在某一个阶段,它需要不断地超越。超越,是升华,是突变,是人生不可

缺少的品质。正是这种超越,才使人类从愚昧无知的远古走到文明昌盛的今天。而一个人之所以活得充实,有意义,就在于永远有值得奋斗的目标,一旦失去前进的动力,人的内心就会变得十分空虚,人生也就变得毫无意义。

有人问一位薪水很高的职业经理:“成功的秘诀是什么?”那人回答说:“我还没有成功呢!没有人会真正成功,前面总是有更高的目标。”

时刻记住:目标永远在前方。当我们追求自己的目标时,它也会获得发展与成长,我们永远不可能百分之百地完成它,它永远在前方召唤你,促使我们迎向挑战,引导你更上一层楼。只有把自己的成就标准定得更高,不断超越自己,向更高的表现境界挑战,你才能不断进步,从而获得一个又一个目标的成功。

3 挑战工作中的不可能

一些刚入职场的员工,工作中难免有不如意,一旦他们能够正确地理解“容易走的路都是下坡路”的道理,那么他们一定会积极地面对那些可畏又可敬的难题。只有愿意成长、锐意进取的员工才会知难而上,以丰富自己的经验,让自己不断成熟。对于那些懒散、没有进取心的员工,他们总是遇难而退,进而也就拒绝了进步,然而,这却是员工没有职业道德的一种表现。

我们在职场中经常看到这样的一些人,虽然颇有才学,具备种种获得老板赏识的能力,但是却有个致命的弱点:缺乏挑战的勇气,只愿做职场中谨小慎微的“安全专家”,他们对不时出现的那些异常困难的工作,不敢主动发起进攻,总是一躲再躲。他们总是认为:要想保住工作,就要保持熟悉的一切，对于那些颇有些难度的工作，还是躲远一些好，否则，就有可能被撞得头破血流。结果，那些人终其一生，也只能从事一些平庸的工作。

举重项目之一的挺举，有一种“500 磅（约 227 公斤）瓶颈”的说法，也就是说，以人体的体力极限而言，500 磅是很难超越的瓶颈。499 磅的纪录保持者巴雷里，比赛时所用的杠铃实际上超过了 500 磅，由于工作人员的失误而未被公布。这个消息发布之后，世界上有六位举重好手在一瞬间就举起了一直未能突破的 500 磅杠铃。

一个人的思想决定一个人的命运。不敢向高难度挑战的人，是对自己的潜能的画地为牢，只能使自己无限的潜能化为有限的成就。而对于那些时刻迎接挑战的人来说，没有什么不可能。他们把握着社会发展的方向，在各方面积极进取，走在成功的路上；他们志向高远，对未来充满信心，时刻想着突破自我。

有一位撑杆跳的选手，一直苦练都无法越过某一个高度，他失望地对教练说：“我实在是跳不过去。”

教练问：“你心里在想什么？”

他说：“我一冲到起跳线时，看到那个高度，就觉得我跳不过去。”

教练告诉他：“你一定可以跳过去。把你的心从杆上跳过去，你的身子也一定会跟着过去。”

他撑起杆又跳了一次，果然跃过。

勇于向“不可能完成”的工作挑战，是事业成功的基础。向“不可能”发出挑战，就意味要具备挑战不可能的决心，就要从不可能中找出一个突破口，进而把不可能的事情变成可能。对于那些时刻迎接挑战的人来说，只要拥有积极进取，勇往直前的决心和勇气，就没有翻不过去的山，没有办不成的事。

任 AMD 全球副总裁和大中华区总裁的郭可尊，在中国 IT 界的成功企业家里，她不仅仅是 AMD 全球持续发展最倚重的女人，同时也是国内 IT 领域最具影响力的人物之一。她完成从一个女科学家到女 CEO 的巨大转变，并把一家跨国公司的中国业务做大做强的成功关键，可以说是来自于她勇于挑战的个性。

2002年郭可尊接手AMD中国业务时，AMD在中国可谓是“一穷二白”，而且面对的是领先自己10年的强劲对手——英特尔公司。为此，郭可尊也犹豫了，她说：“当时我们面对的是10×10的巨大差距。”于是，几乎所有人都认为与英特尔抗衡，是不可能完成的任务。可以想象，作为AMD中国区总裁可谓是任重而道远。面对这个人生前所未有的巨大挑战，勇于向前的个性最终让郭可尊下了决心：“我知道前方有很多困难，但我应该去尝试，应该去超越自己，接受这个挑战。”

她一直相信，只要不懈努力，就会有收获，因为她的出发点是“合作共赢”。

在AMD失去的10年里，几乎所有的PC厂商都站在英特尔一边，英特尔占去了品牌机市场的几乎100%的份额。在没有任何品牌厂家的支持下，AMD怎么追赶对手？郭可尊也背负着巨大的压力。但习惯在难题面前寻找解决方法的郭可尊决定走出一条不同以往的“芯”路。

她深知，要想后发制人，必须使AMD真正融入中国，成为贴近中国本土的公司，为此她提出了“芯植中国，共赢未来”的策略。她说，中国人讲究“意欲取之，必先予之”，AMD想在中国扎根，就必须调整观念，对中国做长期投资。于是，郭可尊向中国市场投入的本土化运作开始了。

郭可尊认为：“AMD要想同OEM伙伴保持近距离，首先在地理位置上应该接近。”于是，她力排众议把AMD中国总部从东方广场的繁华地带搬到中关村。

她还抓住“联想一二级市场饱和，想降低PC售价，进军乡镇市场，却遭到英特尔冷遇”的战机，为此达成了与联想合作的决策。联想成功地进入了乡镇市场，奠定了与AMD的长期合作，也让郭可尊实现了撬开竞争对手阵营的目标，并以此为据点，AMD迅速建立了同方正、曙光、同方、TCL和七喜等国内各大PC厂商之间紧密的战略合作关系。同时，AMD也全面加强同戴尔、惠普、IBM、SUN、东芝等全球领先计算机制造商在华业务的合作。2004年,惠普率先在中国推出首款AMD64位处理器台式机;2006年,首款AMD芯戴尔笔记本进入中国。

2004年,AMD宣布,与曙光公司进行了超级计算机合作项目,并成功地将中国超级计算机运算性能带入当年全球前十名。

2005年,郭可尊主导了AMD全球总部向中国无偿转让当时美国允许出口的最高规格的X86芯片转让技术。此举措轰动了当时的中美科技界,也成功地向政府和外界证明,AMD是中国信息产业的一分子,赢得了客户和最终用户的信赖,也一举扭转其在中国市场上的落后形象,得到了中国政府的支持。

到2006年,AMD在中国芯片市场上的份额,已经从个位数上升并超过25%,以每年三位数的增速彻底扭转了在中国品牌机市场"底子薄"的状态,成为芯片巨头英特尔最强劲的竞争对手。

就这样,在外界并不看好的背景下,郭可尊成功地扭转了AMD大中华区的业绩,也成就了自己的职业传奇。

一位老板在描述自己心目中理想员工时说:"我们所急需的人才,是有奋斗进取精神,勇于向'不可能完成'的工作挑战的人。"勇于向"不可能完成"的工作挑战的员工,犹如稀有动物一样,始终供不应求。因此,要想得到老板的青睐和重用,就要勇于挑战一切不可能。

要知道,在你和老板之间,最大的障碍不是虎视眈眈的竞争者,也不是嫉贤妒能的昏庸老板,而是你自己,是你面对"不可能完成"的高难度工作时怯懦的消极心态。面对高难度的挑战时,你总认为自己能力有限,自己没有办法比现在更好,不敢尝试,不敢做决定,缺乏成功最起码的自信,这样你必不可能取得非凡的成就,自己的梦想更是无从实现。

4

超越平庸，绝不安于现状

成功的人，总是那些不安于现状的人。

在社会这个大竞技场上，无论你是什么角色，工人、农民、教师、老板、公务员、学生……你都必须参与竞争。任何人都不能说“我与世无争，你们比赛去吧”。但是你放弃比赛资格，不等于就能够安安稳稳地生活，因为你不争，并不等于别人不争。所以，既然必须参与竞争，那何不勇敢地竞争呢？要知道，世界上永远没有固定不变的“现状”，正如《沉入海底的家园》告诉我们的那样：你以为可以长久存在的美丽岛屿，终有沉入海底的那一天。

陈景世，1969 年参军，1974 年从部队转业到胜利油田。先后当过汽车司机、修理工，现为胜利石油管理局胜利机修厂高级技师：陈景世参加工作前只有初中文化程度，30 多年来，他自强不息，积极进取，奋发向上，一步一个脚印，走出了一条成功的自学之路，在石油机械、机床改造等领域取得了丰硕成果，先后有 50 多项成果获得奖励。1995 年，他荣获中国石油天然气总公司“技术革新能手”称号；1997 年，他被评为“山东省技术能手”；1998 年，他获得“全国技术能手”称号；2001 年，他被评为“全国自学成才标兵”；2002 年，他被授予“全国五一劳动奖章”，成为全国闻名的劳动模范。

陈景世长期从事机械加工工作，主要负责油田生产设备的加工、制造和维修。刚到工作岗位时，由于这个行业技术要求比较高，经常遇到一些难题，同事们不能及时解决，有的甚至束手无策。另外，经常看到一些先进设备的功能得不到充分应用，造成了技术和资金的浪费。面对上述情况，他非常着急，决心学好业务技术，为企业排忧解难。工作之余，他开始挤时间学习，并对自己“约法三章”：一是不打扑克，二是少看电视，三是晚上12点之前不睡觉。当时，他只有初中文化水平，为了学习，就随身携带着书本，利用业余时间学习，有不明白的及时向内行请教。下班回到家，就把自己关在屋里，专心致志地学习。当时的生活条件非常简陋，一张平板床成了他学习和睡觉的地方。困了上床睡一会儿；醒了，铺盖一卷又打开了书本和图纸。夏天，干了一天的工作十分疲劳，屋子里又闷又热，浑身的骨头像散了架似的，但他一想到自己的“约法三章”，就又钻进蒸笼般的小屋。为了学习，星期天和节假日他几乎没休息过，家务活也很少帮过手。经过几年的刻苦自学，他先后自学了《画法几何与机械制图》、《液压与气动》、《机械设计与制造》等10多门大学课程，写了50多万字的笔记，还在国家级刊物上发表了《一种强制怠速节油装置》和《随身携带式液体油料加注器》两篇论文。

为修理潜泵泵轴键槽，厂里急需一台专用铣床，而这种专用铣床在国内又无生产厂家，这种泵轴直径只有22.2毫米，可长度却达5784毫米，直线度每米0.08毫米，并且要在这种细长的工件有宽1.6毫米、深0.9毫米、对称度0.02毫米、表面粗糙度1.6微米的键槽，这对铣床的技术要求是相当高的。正好加工车间有一台闲置13年的深孔镗钻床，经过论证可以改为专用铣床，加工电潜泵泵轴键槽。为节约成本，保证产品质量，要求对原有的深孔镗钻床进行尺寸测绘，在保留可利用功能的基础上进行改造。陈景世主动承担了这项技改任务，当时既无图纸、资料，也没有参考设备及改造所需的零配件。为了尽快拿出切实可行的技改方案，他查阅了大量的书籍资料，解决了特细长工件直线度、对称度等一系列难题，终于完成了铣床设计装配图。紧接着便是拆画装配图和零部件加工及装配调试，这期间他一直守在现场，每天都忙到晚上十一二点。经过一个多月的艰苦努力，一次试车成功，经胜利油田技术监测中心检测，产品质量完全达到了技术要求，受到了专家们的一致好评。这台专用铣床还改变了普通铣床一次只能加工一个零件的传统方法，比普通

铣床提高工效2.5倍以上，当年就创造产值100多万元。

1997年，受当时大环境的影响，机械加工行业很不景气，他们厂的效益也很不好。为了遏制连年亏损的势头，机修厂结合生产实际，推出了以新产品开发为主要内容的“曙光工程”，成立了以陈景世为主的新产品开发领导小组。面对困境，他主动和经营办的同事跑市场、搞调研，寻找适合生产的项目，积极投入到市场竞争中去。当年，他们选中了10个具有一定市场潜力的项目，其中一个是抽油泵大修的项目，而抽油泵大修中有一道很关键的工艺就是缸套端面精磨。他们在与一家石油机械厂洽谈合作事宜时，对方直截了当地说：“端面精磨你们加工不了，要加工，也得送我们这儿来。”因为对方清楚地知道，这道工艺必须要有一台震动磨床，而这种震动磨床很难找到专门的生产厂家。出于技术保密的原因，对方和其他厂家都不肯告诉陈景世震动磨床的内部结构及工作原理。在这种情况下，他决心自行设计制造，并且查阅了大量资料，但没有找到类似震动磨床的相关内容。正当一筹莫展的时候，一位司机来找他，说汽车在行驶中方向盘摆得很厉害，修了好几次都没能解决问题，他说你找一下两前轮的动平衡试试。说完这句话，陈景世脑海里灵光一闪，不平衡不正是一种震动原理吗？掌握了工作原理，他很快就找到了影响震动的症结所在，经过近半个月的攻关，终于自行设计制造出了震动磨床。这台震动磨床不但研磨精度达到了技术要求，而且操作方便、体积小、节能、研磨速度快，经测试，研磨工效比同类设备提高25%以上。就这样，他们实施的“曙光工程”先后有8个项目投入生产，当年就在扭亏的基础上盈利8万余元，同时安置23名企业富余人员。

陈景世认为，一个人能力有大小，但只要为企业的发展积极进取、奋发向上，就能够有所作为。1999年11月，机修厂承担了环境净化厂的粉碎机和抓斗机等专用设备的设计任务，并由他负责设计。在抓斗机的设计过程中，需要综合运用液压系统、传动机构、机械制造、电器设备以及结构力学和材料力学等多个学科的知识，而且根据环境净化厂的要求，抓斗机的臂长要在7

米以上,保证180～200度的转动角度,制造成本要控制在3万元左右,还要考虑设备的坚固耐用和必备的实用性能。为尽快使抓斗机投入生产,他多次深入到工作现场观察,对照抓斗机的结构,进行分析研究,然后再进行整体综合设计,每天不知不觉就工作10多个小时。过度的劳累,导致颈椎病复发,但他还是咬牙坚持下来了。经过近2个月的努力,先后设计图纸200多张,终于顺利完成了抓斗机的整体设计。他设计的抓斗机不仅达到了最初的技术要求,而且在整体结构上有了重大突破,转动角度达到了400度以上。

2001年,陈景世发现整筒泵内孔精磨业务在胜利油田是一项空白,但需要一台整筒泵深孔磨床,如果与生产厂家联合研制需要30多万元资金。经过一番调研和分析,为节约成本,陈景世决定依靠自己的技术力量,利用报废卧式镗床的床身改造,经过2个多月的艰苦努力,一个个技术难题被他攻了下来,一台投资仅2万多元,最大加工长度达9.8米,磨削精度可达0.01毫米,具有同行业领先水平的整筒泵深孔磨床终于顺利投产。

2004年,他被调到胜利采油工艺研究所工作,年过半百的陈景世并没有因年龄和过去的成就停止不前,在科技日新月异的新经济时代,他积极进取、奋发向上,主动要求参加中国石油大学主办的Solid Works三维实体设计培训班。后来,他充分利用自己所学到的先进的计算机技术进行CAD三维机械设计,研制开发出抽油井光杆密封器和新型电机调位装置等20多个新产品,不仅有效解决了井口偏磨、漏油等制约老油田生产的老大难问题,而且为胜利油田节约了大量资金。

同年11月,胜利油田把他所在的技术攻关小组命名为"胜利陈景世技术攻关小组"。作为攻关小组的成员,他的周围大都是大学毕业生,陈景世的积极进取、奋发向上的精神深深感染着他们、激励着他们。

不管岗位多么平凡,工作多么普通,只要自己不甘于平庸,不满足于现状,努力奋斗不断进取,就一定可以获得成就,取得成功。

5

建立自信,有“野心”没什么不好

很多人不敢去追求成功,不是追求不到成功,而是因为他们的心里默认了一个“高度”,这个高度常常暗示自己的潜意识:成功是不可能的,这是没有办法做到的。“心理高度”是人无法取得成就的根本原因之一。有一句话说得好:“心有多大,舞台就有多大。”我们事业的高度更大程度上来自于我们心的高度——你有多大的“野心”就可能有多大的成就,如果你没有“野心”,肯定不会有任何成就。

有人曾经做过这样一个实验:他往一个玻璃杯里放进一只跳蚤,发现跳蚤立即轻易地跳了出来。再重复几遍,结果还是一样。一测试,原来跳蚤跳的高度一般可达它身体的400倍左右。

接下来实验者再次把这只跳蚤放进杯子里,不过这次不同的是在杯上加一个玻璃盖,“嘣”的一声,跳蚤重重地撞在玻璃盖上。跳蚤十分困惑,但是它不会停下来,因为跳蚤的生活方式就是“跳”。一次次被撞,跳蚤开始变得聪明起来,它开始根据盖子的高度来调整自己跳的高度。再一阵子以后呢,发现这只跳蚤再也没有撞击到这个盖子,而是在盖子下面自由地跳动。

一天后,实验者又把这个盖子轻轻拿掉,可跳蚤还是在原来的这个高度继续地跳。三天以后,他发现这只跳蚤还在那里跳。

一周以后发现,这只可怜的跳蚤还在这个玻璃杯里不停地跳着,其实它已经无法跳出这个玻璃杯了。

给自己设限,就让自己不敢向前。你是自己最大的敌人。除了自己,没有任何人可以使你沮丧消沉。当然,你也可能成为自己最好的朋友。当你了解到世间唯一能左右你成败的人就是你自己时,那么,你就能“化敌为友”,做自己最好的朋友。一个人的成败,很大程度上取决于他的意志是否坚强，他的信心是否强大。

自卑是捆绑心灵的一大枷锁。古往今来，有许多失败者之所以失败，究其原因，不是因为无能，而是因为不自信，因为自卑。

说得严重一点儿，人人都有自卑情节。自卑几乎潜藏在我们每一个人的心里，因为这或是因为那。一个事业不成功的人，见到成功者自卑，一个貌丑者见到美丽者自卑，一个穷人见到富人他也会自卑。

一个人再强大再能干，他也不可能在所有方面都独占鳌头，所以总会山外青山楼外楼，每个人都会有不如别人的地方。因而，自卑人人有，只不过自信的人习惯于用更多的自信来抵抗自卑的侵袭。但是在许多人心中，自卑依然如挥之不去的黑蝙蝠，深潜于心，却时常会如蛀虫一样啃噬内心，控制着我们的工作和生活，在我们有所决定、有所取舍的时候，向我们勒索着勇气与胆略；当我们碰到困难的时候，自卑会站在我们的背后大声地吓唬我们；当我们要大踏步向前迈进的时候，自卑会拉住我们的衣袖，叫我们谨小慎微、左顾右盼。自卑会让人们面对一次偶然的挫败就垂头丧气，一蹶不振，将自己的一切否定，觉得自己一无是处，窝囊至极，甚至掉进自责的旋涡，自卑就是你我走向成功的绊脚石。

一个人可以长得丑陋，可以遭遇贫穷，可以经受磨难，但绝不可以丧失了自信。因为强大的自信可以将一切厄运转化成适合幼苗生长的空气、土壤和水分。

诺贝尔化学奖获得者、法国科学家维克多·格林尼亚由于出生于一个百万富翁之家，从小过着优裕的生活，所以养成了游手好闲、摆阔逞强、盛气凌人的浪荡公子恶习，但后来的一次重大打击改变了他的习性。

一次午宴上，他对一位从巴黎来的美貌女伯爵一见倾心，但是，他却听到一句冷冰冰的回话："请离我远点，我讨厌被花花公子挡住视线。"女伯爵的冷漠和讥讽，第一次使他在众人面前羞愧难当。

突然间，一种油然而生的自卑感使他感到无地自容，他甚至想到了自杀。

后来他离开了家庭，只身一人来到里昂，在那里他隐姓埋名，发奋求学，进入里昂大学插班就读，并断绝一切社交活动，整

天泡在图书馆和实验室里。这样的钻研精神赢得了有机化学权威菲利普·巴尔教授的器重,靠着名师的指点和他自己长期的努力,他发明了“格氏试剂”,发表了200多篇学术论文,最终被瑞典皇家科学院授予1912年度诺贝尔奖。

人生来没有什么局限,无论男人或女人。所以不要为自己设限,那是最愚蠢的行为。西方有句名言:“一个人的思想决定他的为人,决定了他的成就。”心有多大,能力就有多大,成就就有多大。相信自己,建立自信,有“野心”正是你良好职业道德的体现。

6 告诉自己,你可以做得更好

无论做什么事情务必竭尽全力,因为它能决定一个人事业的成败。是的,全力以赴使你可以做得更好,有上进心的拥有良好职业道德的员工都懂得这个道理。

事实上,一旦领悟了全力以赴的工作能消除工作的辛劳这一秘诀,人们就掌握了打开成功之门的钥匙。如果一个人能处处以主动尽职的态度工作,即使他从事的是最平庸的职业,也能为他增添一份个人荣耀。

很久很久以前,一个有钱人要出门远行,临行前,他把三个仆人叫到一起并把财产委托给他们保管。依据每个人的能力,他给了第一个仆人十两银子,第二个仆人五两银子,第三个仆人二两银子。

拿到十两银子的仆人把它用于经商并且赚到了十两银子。同样,拿到五两银子的仆人也赚到了五两银子。而拿到二两银子的仆人却把它埋在了土里。

过了很长一段时间,他们的主人回来与他们结算。拿到十两银子的仆人带着另外十两银子来了。主人说:“做得好!你是一个对很多事情充满自信的人,我会让你掌管更多的事情。现在就去享受你的奖赏吧。”

同样,拿到五两银子的仆人带着他赚取的另外五两银子也来了。主人说:“做得好!你是一个对一些事情充满自信的人,我会让你掌管很多事情。现在就去享受你的奖赏吧。”

最后拿到二两银子的仆人来了,他说:“主人,我知道你想成为一个强人,收获没有播种的土地。我很害怕,于是把钱埋在了地下。”

主人回答道:“又懒又缺德的人,你既然知道我想收获没有播种的土地,那么你就应该把钱存到银行里,以便我回来时能拿到我的那份利息。”

最后,主人把第三个仆人的二两银子也给了那个拥有十两银子的仆人。“我要把钱给那些已经拥有很多的人,使他们变得更富有;而对于那些一无所有的人,甚至连他们所有的还要夺走。”

第三个仆人原以为自己会得到主人的赞赏,因为他没丢失主人给他的那二两银子。在他看来,虽然没有使金钱增值,但也没有丢失,就算是完成主人交代的任务了。然而他的主人却不这么认为,他不想让自己的仆人顺其自然,而是希望他们能主动些,变得更杰出些。

对于我们来说,顺其自然是平庸无奇的。平庸是你我的最后一条路。为什么可以选择更好的发展,而我们总是会选择平庸呢?如果你可以在一年之内做好某件事情,那为什么不好好利用这365天呢?为什么我们只能做别人正在做的事情?为什么我们不可以超越平庸呢?

如果一个人顺其自然的话,那么他绝对不会赢得奥林匹克竞赛;把金牌带回家的运动员必须超越已有的记录,这种人厌倦了平庸。

当一个人养成敷衍了事的恶习后,做起事来往往不诚实。久而久之,人们一定会轻视他的工作,从而轻视他的人品。工作是人们生活的一部分,粗劣的工作,就会造成粗劣的生活。可以说,粗劣的工作是摧毁理想、堕落生活、阻碍前进的最大仇敌。

你可能会说:“我的个性不同于你,我并没有你那么强的上进心,那不是我的天性。”但是,我们原本就可以告诉自己:“我可以做得更好!”

“你可以做得更好”,这是一句值得我们每个人一生追求的格言。这不仅是对员工上进心的一种基本要求,也是员工实现成功的唯一方法——做事的时候,抱着非做成不可的决心,抱着追求尽善尽美的态度。请记住:总是抱着“尚可”心态做事的人,是不称职的、没有职业道德的员工,他们永远也不会成功。

7 学习再学习,成就卓越的自己

一个拥有良好职业道德的员工必定是一个有进取精神的员工,他把不断学习、永远进取作为自己终生的追求,学习,学习,再学习,不断学习,永远保持强烈的进取心,永不停下进取的脚步。

进取心是什么?简单地说,进取心就是人类求得自身的生存和发展所具有的征服自然、改造社会的一种积极的心理状态,是一个人理想、信念、自我激励的需要。从某种意义上讲,进取心理是人类在社会实践中所获得的本质力量的显现,是人区别于动物的重要特征,是人类所特有的能动性、自觉性的表现,也是驱动人们不断进步的重要精神力量。

俗话说:“人往高处走,水往低处流。”每一个人都有积极向上、不甘落后的进取心,进取心理是人的天性。人不仅要生存,而且要变化、发展。从茹毛饮血的洞穴时代,到群居杂交的石器时代,再到人类逐渐地学会了用火、学会了种植、学会了穿衣遮体、建棚筑屋、建立家庭,进而建立社会国家,直到人类物质文明、精神文明发展到今天这样惊人的高度,这一切无一不是人类追求进取的结果。

优秀的员工具有强烈的进取心,他们永远向前,永不满足,永远向着自己的目标前进,永不停下进取的脚步;他们用不断的学习来丰富自己,提升自己;他们用更高的目标来督促自己,激励自己。

当世界球王贝利踢进了第1000个球之后,记者围上来问:"你现在最大的愿望是什么?"贝利不假思索地说:"踢进第1001个球!"可以想象,当贝利踢进第1001个球,他仍会不假思索地说:"踢进第1002个球!"这就是球王伟大的进取之心。

不断进取就需要不断学习。学习不仅是接受知识,提升能力,更重要的是为了转化知识,实现自我改变,达到自我完善、自我发展、自我成长的目的。不学习就谈不上进取,进取必须学习,并且要不停地学习,不断地学习。中国有句古话:"学如逆水行舟,不进则退。"知识是需要不断更新、不断巩固和加强的,如果不学习,一定会如逆水之舟,只有后退,没有进步。不学习就算你以前的知识再深厚,你的天资再聪颖,都注定要被机会淘汰。他人都在不断学习,而你止步不前,到最后,必落后于人,免不了会落伍,会被淘汰。

在现在的职场上,一个人不管他从事的是哪种行业,没有知识总是愚蠢和可怕的,不继续加强知识和技能的深化更是可悲的。因为这将意味着他丧失继续前进的动力,意味着他很难对周围不断发展的事物进行理性的分析和理解,意味着他将失去人生的方向,逐渐被更多掌握新知识和拥有新技能的人所取代。

2005年2月,沈阳鼓风机(集团)有限公司的"五朵金花"攻关组在北京人民大会堂被中华全国总工会授予"全国五一巾帼奖"和"全国五一劳动奖状"。五位年轻的女工程师王英杰、王广兰、张玉珠、葛丽玲、严鸿,她们主导设计了我国首台4万m^3流量空气压缩分离装置,这一项目填补了我国大型空气压缩机组国产化空白,打破了长期以来美、德、日等国对此类大型机组的市场垄断。实际上,她们自身的条件在完成这样一个大项目前并不优越。

"五朵金花"中,王英杰和张玉珠只是中专和技校的底子。在机械设计领域,女同志要做出比男同志更突出的成绩,没有强

烈的进取心是不可能的。机械设计人员要下车间、试车等,无论是脑力还是体力上都属于高强度。她们敢于挑重担,积极进取。王英杰进入沈鼓第二年就报考了东北大学专科升本科,两年后,取得工学学士学位;而后又进入了沈鼓与东北大学联办的MBA进修班学习。"我们的共同点就是要强,不服输,爱学习,不断进取。""五朵金花"在总结自己成功的原因时,都谈到了这点。

不断地充实自我,终生学习,就能不断地茁壮成长。而唯有不断地成长,才能够成为一名独当一面的专业人才,成为老板眼中最具价值的员工。

其实,在职场上真正经得起风雨的人,是那些有真才实学的人,有"空杯心态"的人,不断学习的人。我们有的时候认为自己在某个行业里做了很多年,就认为是这个行业里的行家里手,没有不懂的东西,于是别人在自己眼里都是外行,别人讲的东西都听不进去,要知道"天外有天,人外有人"! 在知识经济时代,科技飞速发展,知识更新加快,如果不虚心学习新的知识和方法,即使你原来的专业知识很扎实,也一样会被社会的进步潮流所淘汰,所以要活到老,学到老! 只有学习才是我们不断进步的根本。

一家汽车修理厂的职工都是从乡村里来的小伙子,平常大家工作之余就在一起喝酒聊天。一天,厂里来了一个"傻子",他除了正常地完成工作以外,总是泡在几辆教练车里,东拆拆、西动动,而大家出去玩乐的时候他却无动于衷。"干什么啊? 兄弟,难道你想自己开个公司造这玩意?"一个伙计开玩笑说。

"傻子"只是笑笑,并不说什么。没几个月,"傻子"已经完全学习了关于汽车维修的所有知识,被提升为经理。薪水是那些"聪明"的小伙子的好几倍。

"傻子"并没有满足现状,而是继续学习汽车制造的其他知识,并自学外语,每个月还自费去总部参加培训。又过了一年,"傻子"成为了总公司家用汽车生产设计部门的主管。几年以后,"傻子"自己的公司上市,并很快取得了巨大的成功。

是什么让一个资质平庸的人从一个小伙计成为了一名优秀的企业家? 是不断学习,努力进取!

当今时代,知识日新月异,如果自己只停留在原来的基础上,满足于现状,肯定会被社会所淘汰,不进步就是退步。如果我们满足于现状而不去进取,那么我们目前所没有的东西可能永远没有了,而且这对于员工来说也是一种不道德的表现。

对于我们所没有的但又可以提高自身价值的东西,我们需要不断进取。要想不被淘汰只有不断改变和反省自己,用学习充实自己才能跟上时代的步伐,使自己在社会有立脚点,在事业上获取成功,个人才有前途。

学习和进取是一个永恒的过程,学习无止境,进取无尽头。知识无穷无尽,又有哪一个人敢说自己已经不需要学习了呢?即使是再博学的人,也要不断地学习,才能跟上时代的步伐。活到老学到老,知识永远没有学完的时候。进取也是一样,人生前行,进取不断,成功和学习一样永远没有尽头。我们登上了一座山峰又会看到前面的山峰,我们实现了一个目标,又会有新的目标等着我们,所以只有不断学习,不断努力,不断提升,才能不断进步,永远向前,才能把握工作,职业常青。

第十章　奉献社会:懂得付出方能成就自我

员工是企业的一员,更是社会的一员。因此,员工不仅有义务做好自己的工作,也有义务为社会奉献自己的一份力量。懂得并舍得付出,是员工更高层次的职业道德体现。这样的员工不仅能在职场有一番作为,更是社会的中坚力量,他们在奉献中体验快乐,在奉献中体验成长,在奉献中成就自我。

1 遵纪守法，约束自我行为

奉献社会是员工更高一层的职业道德的体现，然而，要奉献社会首先就要遵守社会的规章与法则。因此，拥有良好职业道德的人一定是一位遵纪守法，善于约束自我行为的人。

纪律是为了维护集体利益并保证工作进行而要求人们必须遵守的行为规则。而法律是纪律的一种，法律是国家制定或认可的，由国家强制力保证实施的，并对我们的权利和义务有普遍约束力的社会规范。遵纪守法，就要求我们既要遵守组织的纪律，又要遵守国家的法律；既要自觉遵守纪律，更要接受法律的约束。正是因为有了法纪，才有了社会秩序的井井有条，才有了我们社会治安的稳定安全，也才有了一个民族的和谐规范。

“法律”可以说是黑色的，因为它在犯罪人面前，意味着判决、处罚；“法律”亦可以说是红色的，因为它在无辜者面前，代表着正义、公平。当某人被证据确凿地证明有罪或无罪的时候，法律就得到了体现，正义就得到了伸张。古罗马的西塞罗曾在《论法律》中说道：“法律是根据最古老的、一切事物的始源自然表述的对正义与非正义的区分，人类法律受自然指导，惩罚邪恶者，保障和维护高尚者。”

25岁的徐某是一家置业公司的员工，新购置了小汽车的他欣喜万分，一领到牌照，他迫不及待地将车开出了家门，然而仅仅在几天后他便因不懂得约束自己而酿下了祸端。

2011年12月25日凌晨2点左右，浙江宁波江东交警大队

民警在兴宁路宋诏桥路口设卡,整治酒后驾驶。这时,一辆马6轿车从兴宁路由西往东右转过来,发现有交警设卡检查,马6轿车远远地停了下来,开始往回倒车。民警立即上前拦截,协警斯先生离轿车较近,先跑到车边,伸手进入半开着的车窗要驾驶员停车,没想到对方不但不停反而挂上挡位,启动车子飞奔出去。就这样,协警斯先生整个人悬在了车上。

马6轿车一路狂奔500米后,到了黄鹂新村三江超市路口遇上了红灯,司机下意识地踩下了刹车。趁着车子停下的瞬间,斯先生立即将手从车窗里抽了出来,但由于惯性,整个人摔倒在地,两条腿陷在了车身下。还没等他反应过来,马6轿车却向左猛打方向,左后轮擦着其两条腿扬长而去。所幸斯先生的双腿只是被擦伤,并无大碍。

几天后,江东警方通过调查找到了马6轿车司机,这位司机就是徐某。很快,徐某交代了当晚的情况。他承认自己事发前喝过酒,但辩称自己误会协警是要抢劫,才有了后面的疯狂行为。警方对徐某的说法并不认可,在开着车灯的情况下,斯先生身穿制服和反光背心,徐某很容易辨别其身份。加上现场,交警正在设卡检查,徐某的说法实在太牵强。经过审查,这辆疯狂马6轿车的司机徐某被江东警方依法刑事拘留。

作为社会人,尤其是作为企业员工,任何时候都要遵纪守法,否则不是害人害己,就是自作自受!

没有规矩,不成方圆。在21世纪,要建设高度文明、高度民主的社会主义国家,实现中华民族的伟大复兴,就必须在全社会形成"以遵纪守法为荣、以违法乱纪为耻"的社会主义道德观念,让遵纪守法成为我们的最高荣誉。

法律在这个社会中是一种权威,人们需要参照它来生活;法律是一扇屏障,是那些弱小的人温暖的家,他们的利益在这里得到了保障,他们权利在这里得到了自由;法律更是一条粗大的铁链,它紧紧地绑住犯罪分子,让他们无法在这个社会中胡作非为。

然而随着社会的发展,许多人有钱了,胆子越来越大起来,越来越不把法律当回事。譬如很多车主认为自己的技术高超、不会出事,拿着老百姓的生命开玩笑，出了事以为拿钱就可以搞定。于是，造成了杭州的胡斌飙车案、南京的张明宝醉驾案、成都孙伟铭无照醉驾案，西安药家鑫校园飙车与故意杀人案，一桩桩车祸正在夺去无辜老百姓的生命。还有很多投机取巧的人通过贿选送礼等非法当上了地方官，肆意妄为地玩弄手中的权力为私人谋利，还有无数官商勾结，横征暴敛，抢夺老百姓财富，威胁老百姓人身安全，还有无处不在的商业贿赂。

是什么造成这样的悲剧？原因很明了：因为这些人的法律意识非常薄弱，他们藐视社会的法规，认为金钱可以凌驾于法律之上，认为有钱就可以为所欲为，有钱就大过天，有钱能使鬼推磨。不管做了多么违法的事，只要有钱就可以把自己犯下的案件变成争议，将法律变成废纸。而这种漠视法律的最终结果只能是害人害己，甚至危害了政府公信力和整个国家的团结稳定。

近年来，太原铁路运输中级法院，十分重视发挥司法建议的积极作用。自 2006 年建院以来，针对刑事、民事审判中反映出的具体问题，先后向有关部门发出司法建议 10 多篇，使职工的犯罪率得到了明显下降。

2007 年，太原铁路运输中级法院通过审理铁路某单位员工胡某与社会人任某相互配合而挪用单位公款 480 余万元一案，发现该单位在财务管理、重要岗位监控等方面存在着突出问题。结案后，该院特向该单位发出了司法建议，并引起胡某所在单位的足够重视。他们在反馈复函中称："贵院司法建议书所提意见切中要害，非常中肯，非常宝贵。充分暴露了该单位在财务监管、职工教育等方面存在的严重问题，致国有财产蒙受了巨大损失，对此，我们痛心疾首，深感内疚。为防止类似事件再发生，查补漏洞，我们将采取以下措施……"。

2008 年在审结铁路一单位火车机车司机朗某、王某等四人职务侵占等抗诉案后，针对朗某、王某所在单位在职工管理、用油规程、员工思想教育等方面存在的漏洞，及时提出了司法建议，并被该单位予以采纳。随即，该单位便健全了相关规章制度，完善了操作规程，并以典型案例为教材，教育广大职工爱岗敬业，遵纪守法。

由于太铁中院所发司法建议在社会治安、综合治理中发挥了积极作用,受到了相关单位和职工的广泛好评,从而取得了良好的社会效果。

遵纪守法是每个公民、更是每个员工应尽的社会责任和道德义务。一个国家即使经济实力再强,假如没有健全的法制,没有遵纪守法的国民,仍不能算是一个真正文明、强大的国家,照这个标准来看,我们离真正的"强盛"还有相当一段距离。虽然,我国目前已经构建起了比较完备的法律框架,普法教育也搞了多年,但实事求是地讲,"遵纪守法"四个字还远没有成为所有公民的自觉行动。应该说,我们这个五千年的文明古国,虽然距离一个真正意义上的法制国家尚需时日,但却并不缺少建立和谐社会所必不可少的道德传承。

法律的权威不仅仅建立在执法者的严明执法上,更体现在所有人对法律的尊重上。如果人人都能像苏格拉底那样用生命去追随自己心中神圣的法律,那么,法律的权威和尊严也就真正建立起来了。

古希腊雅典的"当权者"以对神不敬等罪名逮捕了苏格拉底并判他极刑。临刑前,他的弟子们决定帮他越狱,而且一切都准备妥当。但苏格拉底却说:"我的信仰中有一条就是法律的权威,既然法律判处我极刑,作为一个好公民,我必须去遵守。"苏格拉底最终带着对法纪的忠诚含笑离开了人世,但他的思想却流芳百世。

遵纪守法是现代社会公民的基本素质和义务,是保持社会和谐安宁的重要条件。无论一个国家、一个社会、一个军队,还是一个地区、一个单位,片刻不可没了法纪的规范、片刻不可乱了正常的秩序。

国无法不治,民无法不立。人人守法纪,凡事依法纪,则社会安宁、经济发展。倘若没有法纪的规范,失去法度的控制,各项秩序就无从保证,人们生存、发展的环境就会遭到破坏,人民群众就不可能安居乐业。十年"文革",社会动乱,民主与法制遭到疯狂践踏,党纪、政纪、军纪受到严重破坏,社会秩序荡然无存,正常生产、生活无法进行,宪法赋予公民的基本权利得不到应有的尊重与维护,就连国家主席的人身自由与生存权利也得不到基本保证。这种"史无前例"的混乱无序状况,破坏了社会的安定,阻碍了经济的发展,给国家和人民带来了无可估量的巨大损失,教训极其惨痛而深刻。

有人觉得违法乱纪可以捡便宜、捞好处，所以不惜以身试法、铤而走险，甚至沾沾自喜于钻一下法律的空子。这是一种极其危险的玩火行为。那些最终被绳之以法的人，在最初都毫无例外地抱有侥幸心理，以为可以超越于恢恢法网，乃至为自己的违背法纪而骄傲。当正义的宣判来临之际，他们才开始悔恨、自责，留下了多少以警后人的教训！如果当初多一点遵纪守法的光荣感，少一点违法不遵的行为；多一点违法乱纪的耻辱感，少一点违法乱纪的侥幸心，又何至于此！

因此，人们只有从内心约束自我行为，任何时候都能很好地“自律”方能成为一个遵纪守法的人，一个可能为社会做出贡献的人。“自律”就是自我约束自己，自己管住自己，自己完善自己。自觉地遵守各种社会规范和国家法规；把个人的所作所为严格限制在合理合法的界限之内，在具体的学习、工作和生活中，自我检点……遵守纪律的员工，一定是一个严谨的人、一个快活的人、一个值得领带和人民信赖和重托的人。

总之，只有遵纪守法才能获得自由。法纪不仅反映人民的意愿，也是人类对社会生活的深刻总结，反映社会发展的客观规律。遵纪守法是遵从规律的表现，是良好道德的表现。逆法而动，越规而行，不是什么勇敢的举动，恰恰是无知和愚昧的表现。

2 做个正直而无私无畏的人

拥有良好职业道德的人对于社会来说一定是一个正直的人、一个无私无畏的人。内心无私的人，活得堂堂正正，光明磊落，心底无私天地宽，事无不可对人言，不计较个人利益的得失，所以无所畏惧。真正的无私者

则不会因为利益出卖良心,在任何时候都不畏惧邪恶,因此无私无畏代表着正直和崇高。

正直的人也是坚贞不屈的人,不因小事而生嫉恨,不因流言而改立场,在他的心中,始终有一种基本的准则,有他自己坚持的信念和道义。不管世界怎么变化,处境怎么艰难,他正直的心也绝不会轻易地改变。

壁立千仞,无欲则刚;血压青松,凛然且直。正直同坦荡在一起,正直同道德在一起,正直同忠诚在一起,正直同倔强在一起,正直同良心在一起。正直则无私,无私则无畏。一个心地坦荡、心胸敞亮的人,在任何时候都可以微笑着面对一切。

在我们的一生中,有许多力量可以诱惑你、扭曲你、强迫你做这做那,令你屈服。然而人世间除了声望、权利、金钱、暴力等等之外,还有一个可以使人成功的秘诀,那就是正直的品格。且只有正直的品格,才会最终赢得人们普遍的尊敬。

李开复在苹果公司工作时恰逢一次公司裁员,当时李开复必须从两个业绩不佳的员工中裁掉一位。

第一位员工毕业于卡内基梅隆大学,是他的师兄。他十多年前写的论文非常出色,来公司后却很孤僻、固执,而且工作不努力,没有太多业绩可言。他知道面临危机后就跑来恳求李开复,说自己年纪不小,又有两个小孩,希望李开复顾念同窗之谊,网开一面。甚至连瑞迪教授(李开复和他共同的老师)都来电暗示他尽量照顾师兄。

另一位是刚加入公司两个月的新员工,他还没时间表现,但应该是一位有潜力的员工。于是,李开复内心里的"公正"和"负责"的价值观告诉他应该裁掉师兄,但是他的"怜悯心"和"知恩图报"的观念却告诉他应该留下师兄,裁掉那位新员工。后来,李开复为自己做了"报纸测试":在明天的报纸上,他更希望看到哪一个头条消息呢,是"徇私的李开复,裁掉了无辜的员工",还是"冷酷的李开复,裁掉了同窗的师兄"?虽然李开复极不愿意看到这两个"头条消息"中的任何一条,但相比之下,前者的打击更大,因为它违背了他最基本的诚信原则。如果违背了诚信原则,他认为自己没有颜面见到公司领导,也没有资格再做职业经理人了。

于是，李开复裁掉了师兄，然后他告诉自己的师兄，今后如果有任何需要他的地方，他都会尽力帮忙。对于李开复本人来说，这是一个痛苦的经历，因为这样做违背了他强烈的“怜悯心”和“知恩图报”的价值观。但是，“公正”和“负责”的价值观对李开复而言更崇高、更重要。虽然选择起来很困难，但最终他还是面对自己的良心，因为他知道这个决定才符合自己做事的正直品德。

正直是世间强大的一种力量。正直的人内心只有天理良心，从而不惧怕任何责难。因为正直，他不会过多计较个人得失，不怕打击报复，不畏权势，敢说真话，面对权利不以权谋私；面对邪恶敢挺身而出，不阿谀奉承不随波逐流，也不会违心地说假话谎话，而是凡事有自己的立场，有自己的底线，有自己坚守的准则。

正直的品格是支撑我们人格的精神骨架，正是这样的骨架分出了人的精神的高下美丑。有些人看上去很魁梧，与之相处久了却觉得其矮小猥琐；有些人毫不起眼，终让你在他平淡如行云流水中领略到山高水深。看不见的力量才是大力量，世间最大的力量就是一个人的道德品质，而其中最珍贵也是最基本的品格则必然是正直。

3 帮助他人就是帮助自己

助人为乐，是员工奉献社会的一种最常见的方式，是员工良好职业道德的必备品质。通俗地说，助人为乐就是将心比心、推己及人，多为他人着想。其实，很多时候，帮助别人也就是帮助自己。

在美国的一个小镇上。有一个夜晚,刮着北风,透着刺骨的寒冷,一对老夫妻步履蹒跚地走在街上。由于夜深了,天气寒冷,很多旅馆不是人已经满了,就是早早关了门。这对夫妻,又冷又饿,希望尽快找到住处。

当他们来到路边一间简陋的旅店,店里的小伙计充满歉意地说:"店里客人都满了。"

"我们找了好多家旅店,这样糟糕的天气,我们该怎么办呢?"屋外,呼呼刮着寒风,眼看就要飘起雪花,让这对夫妻非常发愁。

店里的小伙计不忍心让这两位老人再继续受冻,他说:"如果你们不计较的话,今晚就住在我的床位上吧,我自己在店堂里打个地铺吧。"

小伙计见他们饥寒交迫,又给他们端来热水和热乎乎的饭菜,为老夫妻铺好了床。老年夫妻非常感激,第二天的时候,付了双倍的客房费,小伙计坚决不要。他说:"我仅仅做了一件自己力所能及的事情,让你们这么大年纪的人在风雪中,任何人都于心不忍。"

临走时,老夫妻拍着小伙子的肩膀,语重心长地说:"小伙子,只有像你这样的人品,这样经营旅店的人,才有资格做一家五星级酒店的总经理。"

"那样太好啦,呵呵!"小伙计并没有在意,"起码总经理的收入可以更好地养活我的妈妈啦。"他随口应和道,哈哈一笑。

没想到,两年后的一天,小伙子收到一封来自纽约的信件,信中夹有一张往返纽约的双程机票,并邀请他去拜访一对老夫妻,就是当年睡他床位的那两位老人。

小伙子来到大都市纽约,老年夫妻把小伙子领到最繁华的街市,指着那儿的一幢摩天大楼说:"这是一座专门为你兴建的五星级宾馆,现在我正式邀请你来当总经理。"

这个真实的故事也许你看过不止一次,但年轻小伙子助人为乐的精神却总是能唤起人们对职业道德的深思。而这位年轻小伙也因为一次举手之劳的助人行为,美梦成真。小伙子不仅得到了好的职位,也得到了别人的信任。小伙子是幸运的，但是他的幸运不是上帝赋予的，而来自他助人为乐的高贵品质。

不要小看生活中小小的善举，对于他人来说，却是可以和生命一样重要的东西。你四处播撒善念善行，那些善良的人也会感恩于你。

关心体贴他人，在他人急需的时候，能主动热情地给予帮助和照顾，急人之急、帮人之苦、忧人之忧、救人之危，这是人际交往中的一种高尚行为。而对于我们员工来说，助人为乐的美好品质还能为我们赢得客户的亲近和信赖，从而赢得客户垂青。下面是一名职业经理人在一次演讲中讲述的自己的故事：

当年，他还只是一名矿泉水推销员，为了推销罐装矿泉水，每天骑着自行车奔波在城市的大街小巷、公司厂矿。因为当时罐装矿泉水刚刚推出，人们还都不是很认可，他的收获不是很大，最初的一个月，他只推销出去了16罐。他的月薪很低，只有象征性的300元，其他主要靠赚取效益工资，每推销出一罐矿泉水提成5角钱。

第二个月，他新联络到32个用水客户。

第三个月，他依然满怀信心地奔波着。

这天，他骑着自行车驮着一罐矿泉水去给5公里外的一家居民送货。用水居民家只有一位坐在轮椅上的老妇人，在他帮助老妇人将水罐装到饮水机上的时候，老妇人家的电话响了。装好水罐，等待老妇人签收的时候，他通过老妇人的交谈了解到，似乎是老妇人家来了外地客人，客人因为不知道老妇人家的具体位置，让老妇人去车站接。而老妇人的儿子出差到了外地，保姆又刚刚出去买菜去了，老妇人很是为难。他试探着询问老妇人，在得到确认后，自告奋勇地表示他可以去车站帮助老妇人接客人。他下了5楼，到汽车站将老妇人的客人接了回来。

一周后，他不断接到老妇人居住的那座楼住户的订水电话。两周后，老妇人的儿子打来电话，表示他所在公司决定为每间办公室订水。此后，不断有新的订水电话打来，说都是那些有水客户介绍来的。第三个月，他的推销成绩突增到600多罐。他想到自己的成功应该感谢老妇人。这天，他又一次来到老妇人的

家表示感谢,老妇人却笑着对他说道:"你应该感谢的是你自己,因为你帮助了我,我就将你介绍给了我的邻居和我做经理的儿子,建议他们都用你的水,因为像你这样的人,一定拥有许多美德和能力,是一个值得信任的人。"又相继半年后,他已经拥有了4840多个用水客户,每个月都能够销售出去近8000罐水,公司为此配了两辆送水汽车。他的出色业绩也让他提升为区域经理,底薪达到3000元。

助人者助己,助人者天助。但助人乃为乐,不是为利,否则就背叛了助人为乐的本质。这个世界是公平的,你助人为乐,别人也会助你为乐,这个世界不乏有目的的助人为乐,有些人助人是为了赎罪,有些人助人是为了感恩,有些人助人是为了回报社会,有些人助人则是仅仅为了让这个世界更美好,不管什么目的,只要能为他人带去便利的助人为乐,我们就应该提倡。助人为乐是社会、是中华民族传统美德,无论在什么时候,我们都应该保持和发扬。

刘国江,男,中共党员,吉林省长春市二道区国家税务局工人。

从1986年起,刘国江先后义务照顾100多位孤寡老人。当他还在部队服役期间,就常去看望、照料驻地的五保户王妈妈,为老人拆洗被褥、打扫房间,用自己有限的津贴给老人买罐头和蛋糕……细心周到地照顾着老人的生活。老人感动地哭着对邻居讲:"我有儿子了,我有了一个当兵的好儿子!"

转业后,他继续发扬部队的好传统、好作风。1997年3月,他了解到九台市羊草沟乡80岁的孤寡老人李于氏生活窘困、无依无靠,便与二道区东站十委社区联系,把老人接到益寿(敬老)院。从此,他负担起老人每月近500元的生活费和医药费,而当时他每月工资只有700多元。每年农历六月初八,他都要为老人过生日。李于氏乐得合不拢嘴:"感谢共产党培养了这样的好青年,要不我哪能享这个福啊!"因照顾李于氏,刘国江与益寿院结下了不解之缘。老人们走了一茬又一茬,可他对这里的感情越来越深。他把这里的老人当成自己的爸妈,能为亲生父母做到的,他都会努力地为这些老人做,老人们打心眼里感激。

2002年1月5日，益寿院几位七八十岁的老人冒着刺骨寒风徒步走到二道国税局，为他送上一面锦旗，上面写道："人民的公仆，敬老的楷模。"刘国江表示，能让这些孤寡老人幸福地安度晚年，是他最大的心愿。

除了照顾孤寡老人，刘国江还有许多扶危济困、助人为乐的事迹被传为佳话。2001年，他救助了因汽车肇事而受伤的长春市108小学的陆遥同学，及时把他送到医院，并为其交了治疗费；媒体呼吁为患白血病的儿童顾小青捐款，他又送去了800元钱；2002年9月，当他在电视上看到见义勇为英雄胡广胜身负重伤住院的消息后，第二天就前去探望，并将身上仅有的500元钱全部留给了他，自己连坐车的钱都没留下，徒步回到单位；2003年2月，他把刚领到的1000元工资，捐助给长春市第34中学的几位贫困生，此后，他还经常资助白桦和阎东两名同学，为他们买学习用品，并鼓励他们好好学习；印度洋发生海啸，他捐了1000元钱……只要口袋里有钱，只要有人需要帮助，刘国江就不会犹豫，以致家庭生活捉襟见肘，有时甚至连水电费都支付不起。

辛辛苦苦挣来的钱捐助别人，自家生活窘迫不堪，图啥？有人叹服，有人不解。刘国江前妻就是为此与他离婚。2002年，他与赵淑杰结婚。婚后，二人经常一起去照顾孤寡老人、陪老人过年。可是，夫妻俩至今住着租来的房子。

刘国江自己不愿说，爱人赵淑杰道出了原委："我们结婚时，贷款11万元，买了一处100多平米的住房，但每月得还贷近千元。刘国江每月的工资加奖金只有1600多元，我每月的收入还不到600元，除去还贷、生活费外，用钱的地方还很多，我们住不起了，只好以每月1000元的高价租出去，再以每月550元的低价租房住。这450元的差价，对我们来说很重要。"赵淑杰所说的"用钱的地方"，是指资助社会弱势群体。一年四季，刘国江总穿着税务局配发的制服，脚上穿的旧皮鞋还是在部队时发的；刘国江每年都给老人们买新袜子，可自己穿的袜子却都打着补丁；刘国江总给老人们过生日，可自己的生日却没像样地过过一次。

钱对于刘国江来说是重要的,但他更看重的是把钱花在最需要的地方。他说:"社会上的弱势群体,他们比我更需要钱。我应该帮助他们,这是一名党员应尽的职责。"赵淑杰明白刘国江的心思。她说,只要能尽微薄之力帮助那些有困难的人,自己少买点化妆品、少穿两件新衣服,没啥!

助人为乐,并不需要我们多么富有,每一个人都能做到的,而且是每一个社会公民都应该做到的。这个社会无时无刻不需要我们的善举,正是因为无数凡人的助人为乐,我们的社会才变得如此幸福和谐。奉献中孕育的是精神的富足,平凡的善举中孕育的是道德的伟大。

4 不为经验束缚,大胆创新

创新是一个永远不老的话题,创新并不是少数几个天才者的权利,每个人都能创新,而且是员工奉献社会、凸显道德的最佳方式。只不过创新需要我们有一双善于发现的眼睛,有一个善于创造的头脑。善于从细微处,从空白中、从冷门里发现并创造出新的东西来,才能把我们带入一个全新的境界,一个精彩的世界。你的工作因此而卓越,你的岗位因此而精彩!

王崇伦1927年出生在辽宁省辽阳市的一个贫苦农村家庭。1942年,年仅15岁的王崇伦辍学来到鞍钢当学徒工,受尽了欺辱。1949年,鞍山解放了,王崇伦望着满目疮痍的鞍钢,决心为建设新鞍钢多出一分力。从此,他一头扎进了书本,把业余时间都用在了文化、技术知识的学习上,成为解放后鞍钢职工队伍中为数不多的年轻高级技工之一。1952年,王崇伦所在的工具车间承担为中国人民志愿军加工飞机副油箱拉杆的任务,王崇伦设计并制造出利用刨床加工拉杆的特殊卡具，比用铣床加工提高工效24倍，而且全部达到一级品的标准。

1953年，作为鞍钢北部机修厂工具车间的一名刨工，王崇伦相继革新成功7种工卡具，发明了“万能工具胎”，一年完成了几年的生产任务，提前跨进了1956年，成为全国最先完成第一个五年计划的一线工人，从此被誉为“走在时间前面的人”，并成为“全国劳动模范”。《人民日报》为此发表了《发扬王崇伦的工作精神，提前完成国家计划》的社论，号召全国工人学习王崇伦的先进榜样。1959年，王崇伦出席全国群英会，被授予“全国先进生产者”称号。会议期间，受到党和国家领导人的亲切接见，毛主席称赞王崇伦是“青年的榜样”。

20世纪60年代初，党号召“奋发图强，自力更生，勤俭建国”，王崇伦与孟泰一起在设备简陋的车间里搞技术革新，克服了许多“老、大、难”问题，实现了100多项技术革新，先后突破10多项重大技术难关，终于试制成功大型轧辊等一些过去依靠进口的设备，填补了我国冶金史上的空白。

1961年，王崇伦被破格晋升为工程师。1962年，他被任命为鞍钢机修总厂北部机修厂副厂长。1975年，他任鞍钢工会主席。1978年，他任中华全国总工会副主席。

锐意创新、不断改进是新时代对中国产业工人提出的要求。如今鞍钢工人积极效仿王崇伦等老一辈鞍钢建设者，学习技术、钻研创新蔚然成风，从1999年鞍钢开始评选技术骨干起，每年被评上“技术人才”和“技术专家”的一线工人越来越多。

鞍钢集团新钢铁公司炼铁总厂三排高炉工区副指挥范传昌，原来是一名只有初中学历的普通工人，由于刻苦钻研，他先后总结出“高炉快速恢复创造标准操作法”等10多项先进技术，为企业创造经济效益1000多万元，为此他先后获得“全国劳动模范”“全国五一劳动奖章”“全国技术能手”等荣誉称号。

创造力是上天赐予我们的最珍贵的礼物，它能给我们带来许多意想不到的惊喜和精彩，为社会的发展出谋添力。不要认为你的岗位平淡无奇就失去了创新的热情。创新其实远没有那么神秘，每个人都可以创新、每个岗位、每个地方都可以创新。

美国汽车大王亨利·福特当年为了创造一种新的生产方式,苦苦思索了很长时间。一天,他偶然在肉店里看到三个人,一人剔牛头,一人剔牛脊骨,一人剔牛腿骨。此刻,灵感忽然在他的脑海里闪现,他创造出划了时代的“流水生产线”。流水生产线大大提高了生产率,为福特公司带来了惊人的效益。

创新并不神秘也不复杂,只不过需要我们付出脑力,勤于去想,创意自然随之而来。

创新,在很大程度上其实就是脑子中的灵光一闪,就是一个想法,一个创意。也许这样的想法和创意新奇无比,价值百万,但如果不付诸于行动,也不过是空想。所以敢想还要敢做,还要将创意变成行动,才能真正实现岗位创新。

哈佛大学的彼得·林奇教授曾给学生出过这么一道思考题:一个聋哑人到五金商店去买钉子,先用左手做持钉状,捏着两只手指放在柜台上,然后右手做锤打状。售货员递过来一把锤子,聋哑人摇了摇头,指了指做持钉状的两只手指,售货员终于拿对了。这时候来了一位盲顾客……

问题随之就出现了。“同学们,你们能否想象一下,盲人将如何用最简单的方法买到一把剪子?”教授问。一个学生是这样回答的:“噢,很简单,只要伸出两个指头模仿剪子剪布的模样就可以了。”全班同学都表示同意。教授没有否定学生的答案,不过,他明确指出:“其实,盲人只要用口说一声就行了。”

学生回答问题之前,由于大脑中已输入教授提供的“打手势”的信息。当盲人出现时,他们便产生预见性,陷入“打手势”的心理定式而无法跳出来;教授却能摆脱以往经验,打破思维定势,以一种全新的思维方法来思考问题。所以,要创新,就不能被这些条条框框所束缚,不能被这些陈规定势所圄限。

因循守旧、墨守成规,缺少新的思路,躲在一大堆条条框框里,只在“守”字上做文章是达不到目的的。

1921年,《纽约时报》为纪念电报诞生25周年,在那天发表了一篇评论。评论中透露了这样一个信息:现在人们每年接收的信息是25年前的25倍。

这句话对于多数人来说,就是一句普通的话,读后就忘记了。但是，有些人就能从中获得他们认为重要的商业价值。在美国，至少有16位人士立即对这一信息做出反应，那就是准备创办一份文摘性刊物，他们在不到3个月的时间内，都到银行存了资本金，并且办好了营业执照。

但是，在他们去邮政部门办理有关发行手续时，却被告知鉴于当时社会的情况，此类刊物暂时不能办理发行，也不能确定开禁时间。

得知这个消息后，有15个人认为局势不利，于是递交了暂缓执行的申请。但是，其中一个名叫德威特·华莱士的年轻人却并没有放弃。而邮政人员的这句话恰恰帮助他打败了其他竞争者。

当时市场上还没有出现过一本文摘类的杂志，华莱士突发奇想：人们每天都在为选什么样的文章看而发愁，他们没有时间和精力去判断哪些文章好、哪些文章不好，如果我把文章选好后给他们看，一定会得到他们的认同。

他把这本与众不同的杂志样本取名为《读者文摘》，当他把杂志寄给出版商时，因为想法新奇，被出版商拒绝了。华莱士坚持自己的看法，他认为这是一个非常好的创意，也一定会收到很好的效果。他自己发出了征订单，结果和他想的一样，受到了好评。就这样，《读者文摘》诞生了。

1981年，华莱士病逝时，他创刊的《读者文摘》在世界浩如烟海的杂志刊物中，以16种文字出版发行，年销量3000多万本，读者达1亿，为世界文化传播作出了重大贡献。

行动是非常重要的，有了创新的想法就一定要把它付诸实际行动，这样才能算是真正的创新。如果不行动，再好的创想也不过是空想，是幻想，是梦想，当不得真。所以，创新是思与行的完美结合，二者缺一不可。创新精神是我们保持活力和朝气的原动力，要在自己的岗位上出色和优秀，创新精神不可或缺。因为创新，我们的工作更加精彩，表现更加卓越；因为创新，我们也会晋升得更快，成就更大。

创新的关键就在于打破常规，突破定势，敢于破界，敢想敢做敢挑战。只要破了界，看到的必将是另一个崭新的天地。

一般的广告都要展示产品光彩照人的一面，并以此来吸引顾客。但是,他们忽略了顾客所要了解的却是产品的全面情况。对于那些虚假广告,人们都很反感。因此,广告人的匠心只有建立在准确实用的基础上,才能真正长久地打动人心。

有家公司的汽车广告展示的是一堆小汽车的残骸,广告上附了一段文字“SASAB(汽车名)会牺牲它自己来挽救你的生命”。

1990年,一次撞车事故使这部小汽车永远不能开动了,但当时司机却安然无恙地走出驾驶室。

原来这种小汽车的车头和车尾是有着特殊设计和构造的,是可压缩部分。当汽车发生剧烈碰撞,这一部分就会塌陷下去,以吸收和缓冲冲击力,介乎车头和车尾,中间是用强化钢板保护的驾驶室和乘客坐仓。

看了这个广告,很多人都非常喜爱这种小汽车,购者如潮。

很显然,这个汽车广告取得了成功。优秀的员工就应当具备这种敢想敢做、敢于破界的精神,开动脑筋,勤于思考,激荡脑力,开发创意。一旦能把“化腐朽为神奇”的创意包装推广出来,“废品”也会变成“宝贝”,聪明的人不但能把死马救活,还能让它比平常的马跑得更快。这种额外的增值是靠什么凭空多出来的呢?靠的是头脑里的“花招”,就是打破思维定式后的“点子”,是脑力激荡的硕果,是头脑风暴的奇迹,是破除清规戒律、打碎条条框框、不按牌理出牌的完美结局。

很多时候我们都会因为经验、因为知识、因为思维定势、因为书本、因为眼光等因素而束缚住创新的信念,捆住创新的手脚。敢于思考、善于思考的人还要保证自己思维的完整,不要被任何已有的东西束缚,才能真正放开思想,大胆创新。

经验定势也要突破。经验可以解决一定的问题,但如果太相信经验,又往往会落进经验的陷阱无法自拔。所以创新最活跃的大部分都是经验不多的年轻的员工。因为他们没有太多经验的束缚,反倒更能激活头脑中的创新思维,拥有更多的想象力和创造力,什么都敢想,什么都敢做,因而更能走出一条新的路来。

有一个很有趣的快速问答实验,实验对象必须是受过教育的成年人而不是文盲或儿童。

提问:三点水加一个来去的来念什么?

回答：念“涞”。

再问：三点水加一个去字念什么呢？

被问者至少有一半的人顿时语塞，有的甚至当时就断然回答：“根本没有这个字嘛！”

而实际上，这个字就是“法”，显然“法”字人人会认，使用的频率也远比“涞”字高得多，但为什么有这么多的人的思维在这时卡了壳，答不出这个简单的字了呢？这就是典型的受到经验束缚的结果。

三点水加一个来字念“涞”，这是汉字中典型的左形右声字，当回答了“涞”字这个简单的字后，你脑子中就存在了这样一个经验——三点水再加一个字还念这个字的音，这种思维的定式其实已经悄悄地左右了你的思路。因而，当提问者借汉字中“来”和“去”这两个相对的字发问时，一般人都会从左形右声的思路去考虑，脑子中搜索的是“去”的读音，显然，带三点水的这个音是不存在的，于是立即否定了这个字的存在。

问题就这么简单，却又如此令人不可思议，这就是经验的误导、定式的束缚。这种由经验或是由惯性思维导致的定式，解除的唯一方法就是改变我们既有的思维方式，时刻警惕陷入“经验”中去，因为这样的思维对创新极为不利。

创新其实是一种竞争心态，将这种心态摆在你的行为模式里，时时有着创新的意识，那么你就会随时都有一种寻找创新机会的心理反应，就有了创新的敏锐观察力，就会随时发现可以创新的基点。这样，就不会让展现你创新精神的机会从你的眼皮底下溜走。

市场竞争越来越激烈，相似的产品种类多得数不过来，产品更新越来越快，消费者的选择性越来越大，也越来越审美疲劳……因循守旧、墨守成规，只能让我们消极待毙，最后被市场淘汰。要想在市场上找到立足的地方，只能创新，以抓住消费者眼球。创新是使我们事业进步、社会发展的秘诀。一个员工的创新精神对企业的发展、自我的实现，都必不可少。创新精神，不仅代表了我们的能力，还可以提升我们的名誉、价值与前途。

创新是永远不变的市场竞争法宝，一个企业成功的核心也许就是一个观念，这个观念就是不断地产生新的想法、新的创意，让企业永远走在最前面。这就需要企业所有的岗位、所有的员工都有创新的意识和创新的行动。

很多企业都在说:希望员工有创新精神。那么什么是创新?只要不拘泥于过去的既有行为模式或者思维模式,不人云亦云,就是一种创新。但创新绝对不是天马行空,而是要遵循一定方法和规则。

首先,要从消费者需求出发。从公司制度、流程、系统、管理的模式,到产品本身的质量、包装,再到产品的研发、营销的活动、渠道的创新、促销活动,等等。对职场人来说,创新首先是要符合企业长远的发展需要,所以你要了解企业的愿望是什么,未来的发展方向是什么。另外,还要了解消费者的需求,比如说在快消品行业消费者需要企业提供些什么,你要能够从消费者的角度看消费者的需求,了解到他们的使用习惯,从而发现目前产品还不够方便合理的地方。

其次,就是你要判断创新有没有可行性。一些员工拍脑门想出一个点子,提给了领导,时间长了没有回音就生气了,觉得领导不重视他。但他不知道,一个点子在企业里需要经过多少个部门的检验才能最终实现。如果是产品研发部想开发一个产品,会有委员会和项目组来讨论:你的产品概念、目标是什么?你想靠它赢得什么利益?目标定位是谁?对消费者有什么好处?制造工艺能否做出来?成本如何?因为此后你的产品需要一系列部门的配合,营销活动要去配合,广告要配合,等等。

再次,好的创意需要沟通协调,跟团队合作。你能把想法讲得让其他人听得懂,而且有兴趣听,让大家接受你的创意,愿意帮你把计划做周密,才能共同合作下去。有些人很有想法,但是不能和团队结合。如果只是单打独斗、天马行空,那你根本不可能获得发展的机会。

创新是社会进步、企业发展和个人职业常青的秘诀,但创新其实也并不是什么高深的东西,创新其实大部分时候不是标新立异,而是从原来的不方便中找到新的方向,就是要跳开既有框框。譬如一个产品,它在地摊上只能卖十几块钱,包装以后再销售就可以卖100块。

当然,创新不是喊喊口号就可以了的,创新需要行动,更需要技巧和方法。常见的创新方法有:

1. 突破定势法

思维定势是指我们的思维在反复使用中已经比较稳定、定型化了,很难改变,在感性认识阶段也称作“刻板印象”。时间越长,这种定势对人们的创新思维的束缚力就越强,要摆脱它的束缚也就越困难,越需要作出更大的努力。而要创新，就必须摒弃定势思维。

日本的东芝电气公司1952年前后曾一度积压了大量的电扇卖不出去，7万多名职工为了打开销路，费尽心机地想了不少办法，依然进展不大。有一天，一个小职员向当时的董事长石坂提出了改变电扇颜色的建议。在当时，全世界的电扇都是黑色的，东芝公司生产的电扇自然也不例外。这个小职员建议把黑色改为彩色。这一建议引起了石坂董事长的重视。经过研究，公司采纳了这个建议。第二年夏天东芝公司推出了一批浅蓝色电扇，大受顾客欢迎，市场上掀起了一阵抢购热潮，几个月之内就卖出了几十万台。从此以后，在日本，以及在全世界，电扇就不再都是一副统一的黑色面孔了。

"改变电风扇颜色"的设想，效益竟如此巨大。为什么日本以及其他国家的成千上万的电气公司，以前都没人想到、没人提出来？这显然是因为，自有电扇以来都是黑色的。虽然谁也没有规定过电扇必须是黑色的，而彼此仿效，渐渐地就形成了一种惯例、一种传统，似乎不是黑色的就不成其为电扇。而提出这个创意，既不需要有渊博的科技知识，也不需要有丰富的商业经验，只需要突破思维定势。

2.发散思维法

发散思维也叫多向思维、辐射思维或扩散思维，是指在对某一问题或事物的思考过程中，不拘泥于一点或一条线索，而是从仅有的信息中尽可能向多方向扩展，而不受已经确定的方式、方法、规则和范围等的约束，并且从这种扩散的思考中求得常规的和非常规的多种设想的思维。

美国心理学家吉尔福特在"智力结构的三维模式"中，便明确地提出了发散性思维，即多向思维。他认为，发散思维是从给定的信息中产生信息，其着重点是从同一的来源中产生各种各样的为数众多的输出。它的特点一是"多端"，对一个问题可以多开端，产生许多联想，获得各式各样的结论；二是"灵活"，对一个问题能根据客观情况变化而变化；三是"精细"，能全面细致地考虑问题；四是"新颖"，答案可以有个体差异，各不相同，新颖不俗。

3.侧向思维

有句俗语叫做"他山之石，可以攻玉"。当我们在一定的条件下解决不了问题或虽能解决但只是用习以为常的方案时，可以用侧向思维来产生创新性的突破。具体运用方式有以下三种：

(1)侧向移入。这是指跳出本专业、本行业的范围，摆脱习惯性思维，侧视其他方向，将注意力引向更广阔的领域；或者将其他领域已成熟的、较好的技术方法、原理等直接移植过来加以利用；或者从其他领域事物的特征、属性、机理中得到启发，形成对原来思考问题的创新设想。

(2)侧向转换。这是指不按最初设想或常规直接解决问题，而是将问题转换成为它的侧面的其他问题，或将解决问题的手段转为侧面的其他手段，等等。

(3)侧向移出。与侧向移入相反，侧向移出是指将现有的设想、已取得的发明、已有的感兴趣的技术和本厂产品，从现有的使用领域、使用对象中摆脱出来，将其外推到其他意想不到的领域或对象上。这也是一种立足于跳出本领域，克服线性思维的思考方式。如拉链的诞生。

总之，不论是利用侧向移入、侧向转换还是侧向移出，关键的窍门是要善于观察，特别是留心那些表面上似乎与思考问题无关的事物与现象。这就需要在注意研究对象的同时，要间接注意其他一些偶然看到的或事先预料不到的现象。也许这种偶然并非偶然，可能是侧向移入、移出或转换的重要对象或线索。

4.逆向思维法

哲学研究表明，任命事物都包括着对立的两个方面，这两个方面又相互依存于一个统一体中。人们在认识事物的过程中，实际上是同时与其正反两个方面打交道，只不过由于日常生活中人们往往养成一种习惯性思维方式，即只看其中的一方面，而忽视另一方面。如果逆转一下正常的思路，从反面想问题，便能得出一些创新性的设想。

除了以上四种主要的思维方式，我们还可以借鉴创意十二诀：

(1)加一加。在这件东西上添加些什么，会有什么结果？

(2)减一减。在这件东西上减去些什么，会怎么样呢？

(3)扩一扩。使这件东西放大、扩展，结果会如何呢？

(4)缩一缩。使这件东西压缩、缩小，会怎么样呢？

(5)变一变。改变一下形状、颜色、音响、味道、气味，会怎么样？改变一下次序会怎么样？

(6)改一改。这件东西还存在什么缺点？有改进这些缺点的办法吗？

(7)联一联。把某些东西或事情联系起来，能帮助我们达到什么目的吗？

(8)学一学。有什么事物可以让自己模仿、学习一下吗？

(9)代一代。有什么东西能代替另一样东西吗？

(10)搬一搬。把这件东西搬到别的地方，还能有别的用处吗？

(11)反一反。如果把一件东西、一个事物的正反、上下、左右、前后、横竖、里外，颠倒一下，会有什么结果？

(12)定一定。为了解决某一个问题或改进某一件东西，为提高学习、工作效率和防止可能发生的事故或疏漏，需要规定些什么吗？

掌握各种创意思维与方法是非常必要。创造精神是一个员工的财富，一个创造型员工则是一个企业的财富，而一个创造型企业则是社会的财富。创新不仅是一种卓越的工作方法，也是一种卓越的人生信念，更是让一个员工适应并奉献这个变化太快的时代与社会的宝贵精神。

5 少一些计较，多一些付出

很多员工认为，职场就是名利场，对于自己的利益必定锱铢必较，而对于那些没有好处的事，则坚决不做。这其实是一种危险的想法，一种与主动积极背道而驰的观念，是一条与奉献社会南辕北辙的道路，这是员工良好职业道德所不允许的。

有不少人问企业家这样一个问题："什么样的员工，在你的单位最不受欢迎？"

结果排在前三位最不受欢迎的员工分别是：

"整天斤斤计较的员工。"

"凡事都要谈自己利益的员工。"

"总抱怨报酬太少的员工。"

对于这三类员工,很多老总们都发表了自己的看法。其中一个老总这样说:“我并不是说员工不能谈报酬,但在谈之前,他起码应该想想,自己到底为公司付出了多少?这样的付出能不能得到这样的回报?”

另一位老总说:“如果员工创造了效益,我能不给他相应的报酬吗?可事实往往是,他还什么都没创造,就跑来跟我提条件、谈要求,你说我能答应吗?”

还有一位老总说:“我最反感的员工是一给他派任务就牢骚满腹,背后不停抱怨为什么不让别人做而要让他做。他也不想想,我之所以将任务交给他,是认为他有能力,能够做好。但这样一来,即使有好的机会,我也不会放心交给他了。”

可见,最不受单位欢迎的员工,就是喜欢计较、不愿付出的员工!这样的员工不仅难以被企业接受,更不用说为社会做任何贡献了。我们都知道,付出才有回报,每天只计较自己的得失,而不问付出多少,怎么会受到企业的欢迎,得到老板的器重,受到成功的垂青呢?

一个人越计较自我,在职场中便越没有发展前景,越难以为社会做出贡献;越是愿意主动付出的人,越是容易获得发展的机会,越是为社会做出了更多的贡献。帕特在职场中尽管起点低,但因为舍得付出,最后赢得了机会和赏识自己的伯乐。

帕特·奥布瑞恩是美国著名的电影明星。他出名前,只是一个小小的话剧演员。他银幕生涯的转折点源于一件小事。1903年,帕特·奥布瑞恩在纽约参加《向上,向上》的话剧演出。但这出话剧并没有获得预期的效果,观众的反应冷淡。不得已,剧团只能将演出场地搬到一家很不显眼的小剧院。演员的薪水也因此大大削减,大家觉得前途一片黯淡。帕特也觉得前途渺茫,每天晚上,他都在为自己的角色发愁。观众那么少,即使演得再努力、再精彩又有什么意义呢?多年来,让帕特养成了“凡事尽力而为”的习惯。因此,每一次演出,哪怕观众再少,他也不放低要求,总是全身心融入到角色中,以至于每次从场上下来,他总是满身大汗。一个偶然的机会,《扉页》的导演刘易斯·米尔斯顿看了《向上,向上》的演出,帕特的表演技巧给米尔斯顿留下了深刻的印象,于是邀请他参加电影《扉页》的拍摄。这个角色，也成了帕特走向银幕、并被越来越多观众熟悉和喜爱的起点。

大多数人包括很多名人，都是从很低的起点开始起步的。影坛巨星成龙开始只是扮演“死人”，华人首富李嘉诚最初只是一个茶楼的小伙计。工作的意义是自己赋予的，哪怕再普通再平凡甚至被别人“看不起”的工作，只要用心去做，舍得付出，就会变得不平凡，也可以为社会贡献自己的绵薄之力。

过于计较，就不会付出，而不付出，自然就没有回报，就做不出成绩，创造不了效益。那么随之而来的，就是朝不好的方向发展。所以，要想有所成就，就要少一点计较，多一点付出。在这种付出中，员工不仅能让自己的工作更上一层楼，同时也会为企业和社会带来一定的效益。

6

有付出就一定会有回报

你需要付出相当的代价才能让自己变得更强壮。就像你想跑得更快、跳得更高，也都需要付出代价一样。一个成功的推销员用一句话总结他的经验：“你要想比别人优秀，就必须坚持每天比别人多访问 5 个客户。”“比别人多付出一点”，这几乎是事业成功者高于平庸者的秘诀。

俗话说：付出总有回报，付出多少，得到多少。在日常工作中，只要我们主动努力，勤奋工作，甘心奉献，主动付出，把它们做得更完美，你就将会获得更多的回报，这是毋庸置疑的。

美国著名出版商乔治·齐兹 12 岁时便到费城一家书店当营业员，他工作勤奋，而且常常积极主动地做一些分外之事。他说：“我并不仅仅只做我分内的工作，而且还要努力去做我力所能及的一切工作，并且是一心一意地去做。我想让我的老板承认,我是一个比他想象中更加有用的人。”

有时,你甚至不必比别人多做许多额外的工作,只需一点点额外的工作,就可以从众人中脱颖而出。因此,千万不要害怕付出,要知道懂得付出的人方能成就自我。

雷尔出生在美国一个工薪阶层的家庭中,因为兄弟姐妹比较多,高中毕业后,便到一家百货公司去上班。当时,雷尔每周只能赚2.8美元。但是,他不甘心就这样工作下去,于是开始努力改变自己的工作境况。

经过几个星期的仔细观察后,雷尔注意到主管每次总要认真检查那些进口商品账单。由于那些账单用的都是法文和德文,他便开始在每天上班的过程中仔细研究那些账单,并努力钻研、学习与商务有关的法文和德文。

有一天,他看到主管十分疲惫和厌倦,于是他就主动要求帮助主管检查。由于他干得实在是太出色了,以后的账单自然就由他接手了。

三个月过后,雷尔被叫到一间办公室里接受一个部门经理的面试。这个部门经理说:“我在这个行业里干了40年,根据我的观察,你每天都在要求自己不断进步、不断在工作中改变自己,以适应工作要求。从这个公司成立开始,我一直在从事外贸工作,也一直想物色一个像你这样的助手。因为这项工作涉及面广,工作比较繁杂,需要的知识很庞杂,对工作的适应能力要求也特别高。我们一致认为,你是一个十分合适的人选,我相信公司的选择没有错。”尽管雷尔对这项业务一窍不通,但是,他凭着对工作不断钻研、学习的精神,让自己的能力不断提高,半年后,他已经完全胜任这项工作。一年后,他接替了那位经理的工作,成了这个部门的经理。他之所以能如此快速的升迁,就在于他每天驱策自己多做一些工作,多付出一点。

获得成功的秘密在于不遗余力地多付出一点,而你的付出总会有回报,这会最大程度地展现你的工作态度、最大限度地发挥你的天赋,让你在为企业和社会带来利益的同时让自身不断升值。

在商业界、在艺术界、在体育界,在所有的领域,那些最知名的、最出类拔萃者与其他人的区别在哪里呢?答案就是:多付出。谁能多付出一点,谁就能得到千倍的回报。

也许你的投入无法立刻得到相应的回报,但你也不要气馁,应该一如既往地多付出一点,回报可能会在不经意间、以出人意料的方式出现,但是请你相信,回报一定会来。

开心驿站

另一部好

一个十分自信的青年人夹着两大本乐谱，来找罗西尼。“指挥答应演奏我的两首交响乐中的一首，我想让您听一下哪一首好。”青年说着就坐在钢琴前弹给罗西尼听。罗西尼听了几小节以后，实在听不下去了，便走过去把乐谱合起来，拍着青年的肩膀说：“年轻人，不必弹了，我想，还是另一部好！”

脱帽和戴帽

一位意大利年轻作曲家，有一次请罗西尼听他演奏新作。罗西尼在听的时候，一连好几次把自己的帽子脱下戴上，戴上又脱下。

年轻作曲家演奏结束后，问他为什么这样脱帽戴帽的。

罗西尼回答说：“我有个习惯，每逢遇到老相识，总要脱帽招呼一下。”

音乐家和马车夫

意大利音乐家帕格尼尼(1782—1840年)雇了一辆马车赴剧院演出，眼看就要迟到了。他请车夫快点赶路。

“我要付给你多少钱?”帕格尼尼问道。

“10法郎。”

“你这是开玩笑吧?”

“我想不是，今天人们去听你用一根琴弦拉琴(指帕格尼尼演奏他创作的一些G弦上的技巧艰难深的乐曲)，你可是每人收10法郎!”

“那好吧，”帕格尼尼说，“我付你10法郎，不过，你得用一个轮子把我载到剧院。”

提琴不喝茶

一位贵妇邀请帕格尼尼第二天到她家去喝茶。帕格尼尼接受了邀请。

贵妇很高兴，告别时，笑着对帕格尼尼补充说：“亲爱的艺术家，请你千万不要忘了,明天来的时候带上您的提琴!”“这是为什么呀?”帕格尼尼故作惊讶地说:“夫人,您是知道的,我的提琴从不喝茶。”

一块蛋糕

作曲家贾科莫·普契尼和意大利音乐家、乐队指挥阿图尔·托斯卡尼尼(1867—1957年)是一对老搭档。每年圣诞节贾科莫都要给他的朋友送一块蛋糕。有一年圣诞节前夕,贾科莫同阿图尔吵了一架,因此想取消送给他的蛋糕,但为时已晚,蛋糕已经送出了。

第二天,阿图尔收到贾科莫的电报:“蛋糕错送了。”他便随即复了份电报:“蛋糕错吃了。”

评剧妙语

在意大利作曲家M·路易吉·凯鲁比尼(1760—1842年)担任巴黎音乐学院督学时,有一位学生写了一个歌剧打算上演。在试演该剧时,他邀请凯鲁比尼去观看,想看到权威的评价。

凯鲁比尼耐心地看完了一幕,又看了第二幕,但未作一句评论。年轻的作曲家看着他如此专心观剧而沉默不语,紧张得在凯鲁比尼的包厢里进进出出。最后,他再也无法掩饰自己的焦虑,问凯鲁比尼:“先生,您有什么话和我说吗?”凯鲁比尼抓住他的手,亲切地对他说:“我可怜的小伙子,我能说什么呢?我已经花了两个小时听着,但你对我什么也没说。”